高等职业教育数字商务高水平专业群系列教材

编写委员会

总主编

张宝忠　浙江商业职业技术学院原校长

　　　　全国电子商务职业教育教学指导委员会副主任委员

执行总主编

王　慧　浙江同济科技职业学院

副总主编（按姓氏拼音排序）

曹琳静	山西职业技术学院	王庆春	昆明冶金高等专科学校
陈　亮	江西外语外贸职业学院	吴洪贵	南京城市职业学院
景秀眉	浙江同济科技职业学院	徐林海	南京奥派信息产业股份公司
金渝琳	重庆工业职业技术学院	张枝军	浙江商业职业技术学院

编　委（按姓氏拼音排序）

陈　宏	黑龙江建筑职业技术学院	毛卓琳	江西外语外贸职业学院
陈煜明	上海电子信息职业技术学院	孟迪云	湖南科技职业学院
顾玉牧	江苏航运职业技术学院	宋倩茜	潍坊工程职业学院
关善勇	广东科贸职业学院	童晓茜	昆明冶金高等专科学校
胡晓锋	浙江同济科技职业学院	王斐玉	新疆能源职业技术学院
皇甫静	浙江商业职业技术学院	王　皓	浙江同济科技职业学院
蒋　博	陕西职业技术学院	魏　頔	陕西能源职业技术学院
金玮佳	浙江同济科技职业学院	吴　凯	绍兴职业技术学院
李晨晖	浙江同济科技职业学院	余　炜	杭州全新未来科技有限公司
李洁婷	云南交通职业技术学院	张栩菡	浙江同济科技职业学院
李　乐	重庆工业职业技术学院	张宣建	重庆交通职业学院
李　喜	湖南商务职业技术学院	张雅欣	山西职业技术学院
李　瑶	北京信息职业技术学院	张子扬	浙江同济科技职业学院
李英宣	长江职业学院	赵　亮	武汉船舶职业技术学院
刘　丹	武汉外语外事职业学院	赵　琼	广东科贸职业学院
刘　红	南京城市职业学院	郑朝霞	赤峰工业职业技术学院
林　莉	南充职业技术学院	周　聪	浙江同济科技职业学院
刘婉莹	西安航空职业技术学院	周　蓉	武汉职业技术大学
柳学斌	上海中侨职业技术大学	周书林	江苏航运职业技术学院
卢彰诚	浙江商业职业技术学院	周月霞	杭州新雏鹰知识产权代理有限公司
陆春华	上海城建职业学院	朱林婷	浙江商业职业技术学院
罗天兰	贵州职业技术学院	朱柳栓	浙江商业职业技术学院

高等职业教育数字商务高水平专业群系列教材

总主编：张宝忠

消费者行为分析

主　编／周　聪　孟迪云　李建平

副主编／曹琳静　党　婧　李唯可

参　编／阮若颖　姜琳琳　廖可贵　李　瑶　甘雪梅

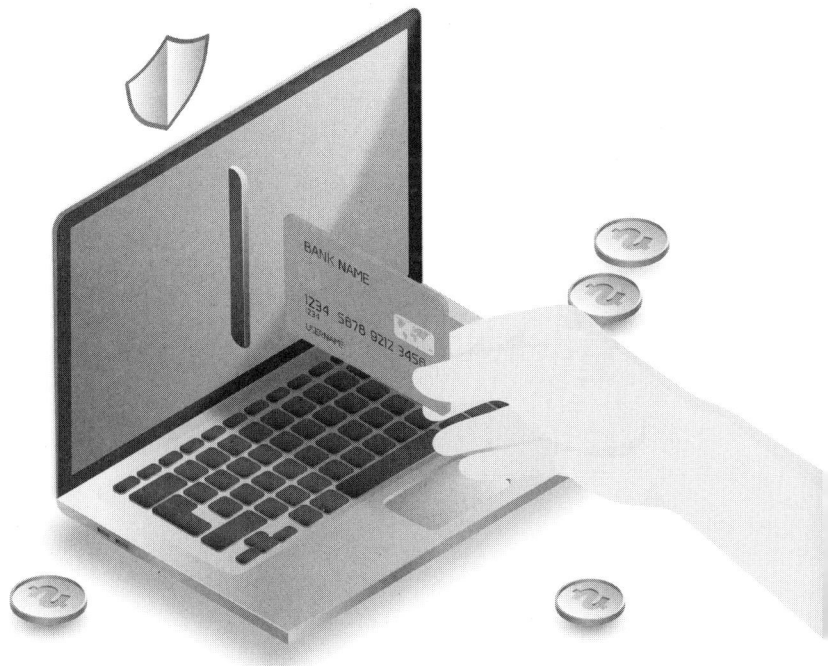

华中科技大学出版社
http://press.hust.edu.cn
中国·武汉

内 容 提 要

本书深挖消费者行为领域的新现象、新特征、新规律，以互联网消费场景下的真实产品营销方案设计为学习目标，以不同消费群体在多重因素作用下呈现出的不同购买决策过程和购后行为为主线，规划了9个章节。本书综合运用管理学、心理学、行为学和营销学等相关学科的理论与方法，充分吸收与借鉴了国内外消费者行为分析研究与营销实践的最新成果，并结合互联网时代下的消费者行为的新特点，针对消费者在互联网时代如何进行消费决策做了深入浅出的重点讲解，内容丰富，系统全面，逻辑清晰。

图书在版编目(CIP)数据

消费者行为分析 / 周聪，孟迪云，李建平主编. -- 武汉 ：华中科技大学出版社，2024.6. --（高等职业教育数字商务高水平专业群系列教材）. -- ISBN 978-7-5772-0868-8

Ⅰ. F713.55

中国国家版本馆 CIP 数据核字第 20241C7T88 号

消费者行为分析
Xiaofeizhe Xingwei Fenxi

周　聪　孟迪云　李建平　主编

总 策 划：周晓方　周清涛	
策划编辑：宋　焱　张馨芳	
责任编辑：江旭玉	
封面设计：廖亚萍	
版式设计：赵慧萍	
责任校对：张汇娟	
责任监印：周治超	
出版发行：华中科技大学出版社（中国·武汉）	电话：(027) 81321913
武汉市东湖新技术开发区华工科技园	邮编：430223
录　　排：华中科技大学出版社美编室	
印　　刷：湖北新华印务有限公司	
开　　本：787mm×1092mm　1/16	
印　　张：11　插页：2	
字　　数：241 千字	
版　　次：2024 年 6 月第 1 版第 1 次印刷	
定　　价：39.80 元	

网络增值服务

使用说明

欢迎使用华中科技大学出版社人文社科分社资源网

1 教师使用流程

（1）登录网址：**http://rwsk.hustp.com**（注册时请选择教师身份）

注册 > 登录 > 完善个人信息 > 等待审核

（2）审核通过后，您可以在网站使用以下功能：

浏览教学资源　　建立课程　　管理学生　　布置作业　查询学生学习记录等

教师

2 学员使用流程

（建议学员在PC端完成注册、登录、完善个人信息的操作）

（1）PC 端学员操作步骤

① 登录网址：http://rwsk.hustp.com（注册时请选择学生身份）

注册 > 完善个人信息 > 登录

② 查看课程资源：（如有学习码，请在个人中心–学习码验证中先验证，再进行操作）

选择课程

首页课程 > 课程详情页 > 查看课程资源

（2）手机端扫码操作步骤

手机扫码 → 登录 → 查看数字资源

注册

如申请二维码资源遇到问题，可联系编辑宋焱：15827068411

总 序

以数字经济为代表的新经济已经成为推动世界经济增长的主力军。数字商务作为先进的产业运营方法，以前沿、活跃、集中的表现方式，助推数字经济快速增长。在新的发展时期，我国数字商务的高速发展能有效提升产业核心竞争力，对我国经济的高质量发展有重要的意义。在此背景下，数字商务职业教育面临愈加复杂和重要的育人育才责任。

（一）新一代信息技术推动产业结构快速迭代，数字经济发展急需数字化人才

职业教育最重要的特质与属性就是立足产业与经济发展的需求，为区域经济转型和高质量发展提供大量高素质技术技能人才。以大数据、云计算、人工智能、区块链和5G技术等为代表的新一代信息技术全方位推动整个社会产业经济结构由传统经济向数字经济快速迈进。数字经济已经成为推动世界经济增长的主力军。

产业数字化是数字经济中占比非常大的部分。在产业数字化中，管理学和经济学领域的新技术、新方法、新业态、新模式的应用带来了较快的产业增长和效率提升。过去十年，中国数字经济发展迅速，增长速度远远高于同期GDP增长率。

持续发展的通信技术、庞大的人口基数、稳固的制造业基础以及充满活力的巨量企业是中国数字经济持续向好发展的基础与保障，它们使得中国数字经济展现出巨大的增长空间。数字经济覆盖服务业、工业和农业各领域，企业实现数字化转型成为必要之举，熟悉数字场景应用的高素质人才将成为未来最为紧缺的要素资源，因此，为企业培养和输出经营、管理与操作一线人才的职业教育急需做出改变。

（二）现代产业高质量发展，急需明确职业教育新定位、新目标

2019年以来，人力资源和社会保障部联合国家市场监督管理总局、国家统计局正式发布一批新职业，其中包括互联网营销师、区块链工程技术人员、信息安全测试员、在线学习服务师等市场需求迫切的38个新职业。这些新职业具有明确的培养目标和课程体系，对培养什么样的人提出了明确的要求。

专业升级源自高质量发展下的产业升级。在全球数字化转型的背景下，如何将新一代信息技术与专业、企业、行业各领域深度融合，对新专业提出了新要求。2021年

3月，教育部印发了《职业教育专业目录（2021年）》。该专业目录通过对接现代产业体系，主动融入新发展格局，深度对接新经济、新业态、新技术、新职业。同时，新专业被赋予新内涵、新的一体化知识体系、新的数字化动手能力，以有效指导院校结合区域高质量发展需求开设相关专业。

具备基本的数字经济知识基础将成为职业院校培养高素质技术技能人才的基本要求。职业院校要运用新一代信息技术，通过知识体系重构向学生传授数字化转型所需要的新知识；要学习大数据、云计算、人工智能、区块链、5G等新技术，让学生适应、服务、支持新技术驱动的产业发展；要与时俱进地传授数字技能，如数据采集与清洗、数据挖掘与分析、机器人维修与操作、数字化运营、供应链管理等，因为学生只有具备数字技能，才能在未来实现高质量就业。

为什么要在这个时间节点提出"数字商务专业群建设"这一概念，而不是沿用传统的"电子商务专业群建设"概念？可以说，这是时代的需要，也是发展的选择。电子商务是通过互联网等信息网络销售商品或者提供服务的经营活动，它强调的是基于网络；而数字商务是由更新颖的数字技术，特别是将大数据广泛应用于商务各环节、各方面形成的经营活动，它强调的是基于数据。

1. 数字商务包括电子商务，其内涵更丰富，概念更宽广

商务部办公厅于2021年1月发布的《关于加快数字商务建设 服务构建新发展格局的通知》，将电子商务理解为数字商务最前沿、最活跃、最重要的组成部分。与2009年北京市商务局部署数字商务工作时对二者关系的理解一样，数字商务除了电子商务外，还包括电子政务、运行监测、政府储备、安全监督、行政执法、电子口岸等方面与商务相关的更广泛的内容。

2. 数字商务比电子商务模式更新颖

无论是实践发展还是理论的流行，数字商务都要比电子商务晚一些。数字商务是电子商务发展到一定阶段的产物，是对电子商务的进一步拓展。这种拓展不是量变，而是带有质变意义的新的转型与突破，可以带来更新颖的商务模式。

3. 数字商务更强调新技术，特别是大数据赋能

上述新颖的商务模式是由5G、物联网、大数据、人工智能、区块链等较为新颖的技术及其应用，特别是大数据的应用催生的。数据驱动着更前沿的数字技术广泛应用于实体经济中商务活动的各环节、各方面，可以进一步突破先前电子商务的边界，包括打破数字世界与实体世界的边界，使数字技术更深入地融入实体经济发展。

4. 数字商务更强调数字技术跨领域集成、跨产业融合的商务应用

相比电子商务，数字商务不仅包括基于互联网开展的商务活动，还将数字化、网络化的技术应用延展到商务活动所连接的生产与消费两端；不仅包括电子商务活动的直接关联主体，而且凭借物联网等技术延展到相关的客体以及与开展商务活动相关的

所有主体和客体，其主线是产商之间的集成融合。这种跨界打通产供销、连接消费和生产、关联服务与管理的应用，是数字商务提升商务绩效的基础。

5. 数字商务结合具体的应用场景，更深度地融入实体经济

与电子商务相比，数字商务是更基于应用场景的商务活动，即在不同的产业应用场景之下，以多种数字技术实现的集成应用具有不同的内容与形式。实际上，这正是数字商务更深度地融入实体经济的体现。换个角度来理解，如果没有具体应用场景的差别，在各行各业各种条件之下数字技术的商务应用都是千篇一律的，那么，商务的智能化也就无从谈起。从特定角度来看，数字商务的智能化程度越高，就越能灵敏地反映、精准地满足千差万别的应用场景下不同经济主体的需要。

大力发展数字商务，不断将前沿的数字技术更广泛、更深入地应用于各种商务活动，必将进一步激发电子商务应用的活力和功效，不断推动电子商务与数字商务的整体升级。更重要的是，范围更广、模式更新的数字商务应用，必将为自电子商务应用以来出现的商务流程再造带来新的可能性，从而为商务变革注入新的发展动能。

本系列教材的理念与特点是如何体现的呢？专业、课程与教材建设密切相关，我国近代教育家陆费逵曾明确提出"国立根本在乎教育，教育根本实在教科书"，由此可见，优秀的教材是提升专业质量和培养专业人才的重要抓手和保障。

第一，现代学徒制编写理念。教材编写内容覆盖企业实际经营过程中的整个场景，实现教材编写与产业需求的对接、教材编写与职业标准和生产过程的对接。

第二，强化课程思政教育。教材是落实立德树人根本任务的重要载体。本系列教材以《高等学校课程思政建设指导纲要》为指导，推动习近平新时代中国特色社会主义思想进教材，将课程思政元素以生动的、学生易接受的方式充分融入教材，使教材的课程思政内容更具温度，具有更高的质量。

第三，充分体现产教融合。本系列教材主编团队由全国电子商务职业教育教学指导委员会委员，以及全国数字商务（电子商务）学院院长、副院长、学科带头人、骨干教师等组成，全国各地优秀教师参与了教材的编写工作。教材编写团队吸纳了具有丰富的教材编写经验的知名数字商务产业集群行业领军人物，以充分反映电子商务行业、数字商务产业集群企业发展最新进展，对接科技发展趋势和市场需求，及时将比较成熟的新技术、新规范等纳入教材。

第四，推动"岗课赛证"融通。本系列教材为"岗课赛证"综合育人教材，将电子商务证书的考核标准与人才培养有机融合，鼓励学生在取得电子商务等证书的同时，积极获取包括直播销售员、全媒体运营师、网店运营推广职业技能等级（中级）、商务数据分析师等多个证书。

第五，教材资源数字化，教材形式多元化。本系列教材构建了丰富实用的数字化资源库，包括专家精讲微课、数字商务实操视频、拓展阅读资料、电子教案等资源，形成图文声像并茂的格局。部分教材根据教学需要以活页、工作手册、融媒体等形式呈现。

第六，数字商业化和商业数字化加速融合。以消费者体验为中心的数字商业时代，商贸流通升级，制造业服务化加速转型，企业追求快速、精准响应消费者需求，最大化品牌产出和运营效率，呈现"前台—中台—后台"的扁平化数字商业产业链，即前台无限接近终端客户，中台整合管理全商业资源，后台提供"云、物、智、链"等技术以及数据资源的基础支撑。数字商业化和商业数字化的融合催生了数字商业新岗位，也急需改革商科人才供给侧结构。本系列教材以零售商业的核心三要素"人、货、场"为依据，以数字经济与实体经济深度整合为出发点，全面构建面向数字商务专业群的基础课、核心课，以全方位服务高水平数字商务专业群建设，促进数字商业高质量发展。

根据总体部署，我们计划在"十四五"期间，结合两大板块对本系列教材进行规划和构架。第一板块为数字商务专业群基础课程，包括数字技术与数据可视化、消费者行为分析、商品基础实务、基础会计实务、新媒体营销实务、知识产权与标准化实务、网络零售实务、流通经济学实务等。第二板块为数字商务专业群核心课程，包括视觉营销设计、互联网产品开发、直播电商运营、短视频制作与运营、电商数据化运营、品牌建设与运营等。当然，在实际执行中，可能会根据情况适当进行调整。

本系列教材是一项系统性工程，不少工作是尝试性的。无论是编写系列教材的总体构架和框架设计，还是具体课程的挑选以及内容和体例的安排，都有待广大读者来评判和检验。我们真心期待大家提出宝贵的意见和建议。本系列教材的编写得到了诸多同行和企业人士的支持。这样一群热爱职业教育的人为教材的开发提供了大量的人力与智力支撑，也成就了职业教育的快速发展。相信在我们的共同努力下，我国数字商务职业教育一定能培养出更多的高素质技术技能人才，助力数字经济与实体经济发展深度整合，助推数字产业高质量发展，为我国从职业教育大国迈向职业教育强国贡献力量。

丛书编委会

2024 年 1 月

前 言

党的二十大报告指出，要把实施扩大内需战略同深化供给侧结构性改革有机结合起来，增强国内大循环内生动力和可靠性。消费是国内国际双循环发展的核心动力、关键环节和重要枢纽，是市场需求的直接体现，是市场发展的动力源泉，也是市场竞争、创新和稳定的重要推动力量。消费对于促进国家经济的发展、保障就业、提升人民生活水平、推动产业结构优化以及保持社会经济稳定具有重要的积极作用。扩大消费需求、提升消费品质、优化消费结构，可以推动社会主义经济更加全面、协调、可持续地发展。

市场是企业竞争的前沿阵地。从营销学的角度来看，市场是消费者的集合，因此企业实施营销活动的关键点在于全面了解消费者，从而采取有效的措施刺激消费者产生购买行为。而消费者行为看似简单，实际过程却非常复杂，它会受到多方面因素的影响。消费者行为分析是一个建立在经济学、管理学、心理学等基础上的应用型研究领域，它将市场活动中消费者心理现象的产生、发展及其规律作为研究对象，从诞生之日起就受到理论界和企业界的高度重视。

2019 年，国务院颁布《国家职业教育改革实施方案》，提出深化办学体制改革和育人机制改革，以促进就业和适应产业发展需求为导向，鼓励和支持社会各界特别是企业积极支持职业教育，着力培养高素质劳动者和技术技能型人才。将"消费者行为分析"课程纳入职业教育体系，切合职业教育人才双重培养目标。互联网、大数据、人工智能等高新技术的普及和应用，推动直播电商等新的商业模式快速发展，"消费者行为分析"不仅要成为职业院校营销管理、电子商务类专业的必修课程，而且要成为高水平师资队伍、高标准课程体系、高质量精品课程建设的核心。

面对职业教育改革目标，聚焦应用型人才培养目标任务，我们积极思考如何建立具有职业教育特色的营销人才培养模式，以适应新时代经济社会发展的客观需要。在反复思考与酝酿下，我们编写了本书。本书在内容、结构和体例方面力求体现以下特色。

第一，重视案例分析。根据社会需求、行业发展和教育教学规律，本书从人才需求和职业技能培养角度出发，突出市场营销从业者实践特色，本书在每章的前后各有一个案例和阅读材料。其中，案例以消费者行为实操内容为主，强调消费者行为分析对购买决策的影响。消费者行为分析实务围绕不同主题展开，理论与实践相结合，培养学生的实际操作能力和解决问题的能力。

第二，突出实践应用。消费者行为分析是企业竞争的有力武器。本书系统、全面地解析了消费者在购买决策中的心理过程、行为模式以及影响因素，建立了消费者行为的基本理论框架，结合了相关的最新研究成果和实践案例，以增强教学内容的互动性和实践性。

第三，紧跟时代发展。随着直播电商等新媒体营销的兴起，非接触式营销成为主流。本书立足传统理论，紧跟数字经济发展潮流，体现互联网、大数据、人工智能等信息技术对消费者行为和我国消费市场的影响。

本书由周聪、孟迪云、李建平担任主编，曹琳静、党婧担任副主编。全书共九章。第一章、第二章由周聪编写，第三章由姜琳琳编写，第四章、第五章由李建平编写，第六章、第七章由阮若颖编写，第八章、第九章由曹琳静、党婧编写。本书大纲的编写、内容的总体设计以及统稿、定稿由周聪、孟迪云完成。本书在编写过程中得到了浙江省商务厅和浙江省商务研究院的大力支持与专业指导。在此对参与教材编写的同行专家和相关院校的教师致以诚挚的感谢！

编者在本书的编写过程中参考了大量资料，主要参考文献附于书后，在此对涉及的专家和学者表示衷心的感谢。由于编者水平有限，书中错误和不足在所难免，敬请广大读者和同行批评指正，我们将不断修订、完善，以更好地为职业教育和广大从业人员服务。

编　者

2024 年 3 月

目 录

数字资源目录

第一章 导　　论

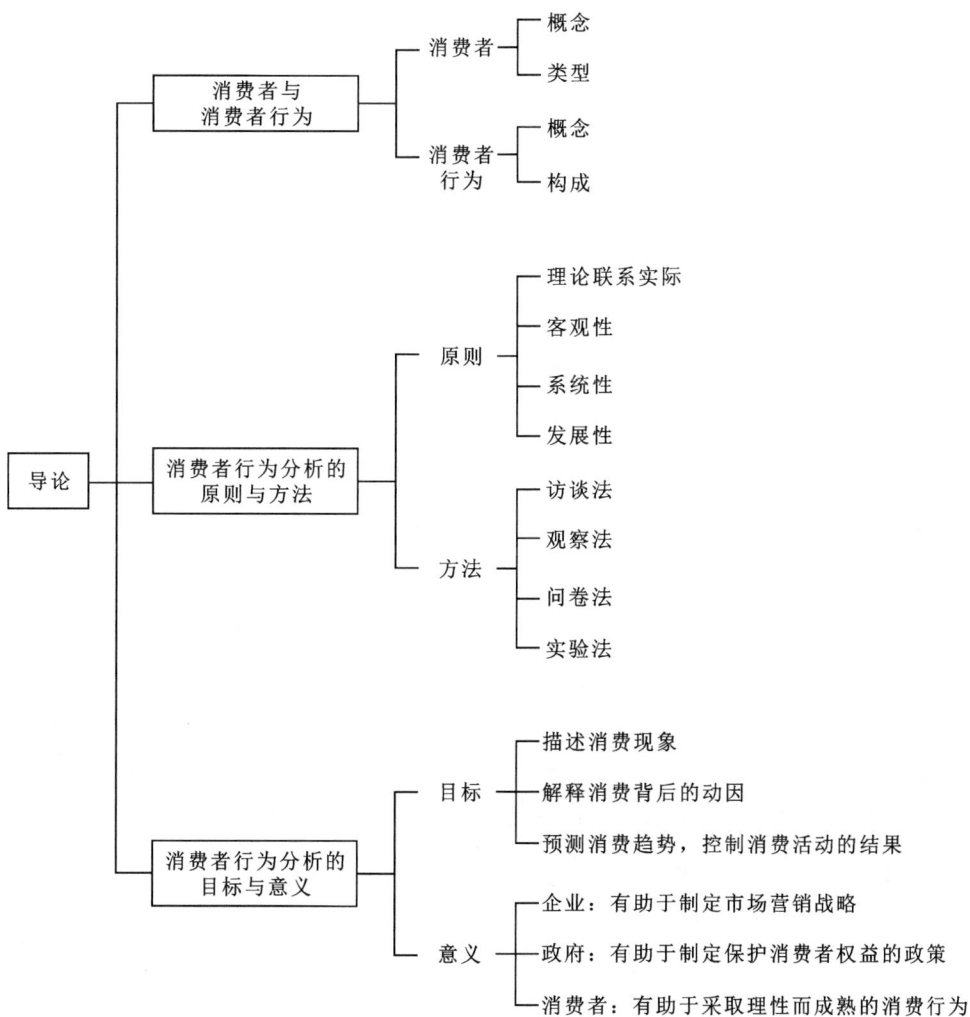

导论
- 消费者与消费者行为
  - 消费者
    - 概念
    - 类型
  - 消费者行为
    - 概念
    - 构成
- 消费者行为分析的原则与方法
  - 原则
    - 理论联系实际
    - 客观性
    - 系统性
    - 发展性
  - 方法
    - 访谈法
    - 观察法
    - 问卷法
    - 实验法
- 消费者行为分析的目标与意义
  - 目标
    - 描述消费现象
    - 解释消费背后的动因
    - 预测消费趋势，控制消费活动的结果
  - 意义
    - 企业：有助于制定市场营销战略
    - 政府：有助于制定保护消费者权益的政策
    - 消费者：有助于采取理性而成熟的消费行为

知识目标

- 了解消费者的概念。
- 掌握消费者行为的概念及特点。
- 掌握消费者行为分析的原则与方法。
- 了解消费者行为分析的目标与意义。

能力目标

- 能够运用消费者行为分析的相关研究方法对消费者行为进行分析和预测。
- 具备通过分析消费者行为指导市场营销活动的意识。

素养目标

- 了解消费者行为对企业市场营销活动的影响，树立依法开展营销活动的意识。
- 作为消费者，树立正确的消费观、品牌观。

情境导入

瑞幸咖啡的成功密码

随着人们的消费结构不断优化，消费品质化、多元化程度逐渐增强，这促进了众多新消费品牌的诞生。瑞幸咖啡凭借其强劲表现，跻身2022年中国新消费品牌年度增长力榜单，在新的市场环境下，为众多新消费品牌树立了标杆。

瑞幸咖啡2022年第二季度财报显示，瑞幸咖啡全国门店总数7195家，月均用户多达2070万，总净收入同比增长74.4%，破32亿元。瑞幸咖啡快速增长的背后，是瑞幸咖啡敢于对标星巴克带来的竞争红利。

"你喝的是咖啡，还是咖啡馆？你不需要为空间付费！"这条瑞幸咖啡梯媒广告曾火热"出圈"，其背后逻辑不仅仅是瑞幸咖啡关联星巴克的精准打法，更在于一字一句都打在了星巴克的结构性弱点上。星巴克作为将"第三空间"概念引入咖啡店的鼻祖，创造了独立于家庭与办公室之外的社会空间，得益于此，星巴克长久以来霸占高端咖啡市场。而瑞幸咖啡则关注"第二空间"，没有选择流量明星代言，意在打造更年轻化、更符合现代办公室文化调性的品质产品。

瑞幸咖啡的差异化打法极为密集：星巴克用绿色杯子，瑞幸咖啡就用蓝色杯子；星巴克主打线下商务，瑞幸咖啡就主打线上空间；星巴克营造的是个人对个人的商务会谈场景，瑞幸咖啡就关注白领用户的消费场景。

第一节 消费者与消费者行为

消费者行为是人类社会中较为普遍的一种行为活动。在千差万别的消费者行为中，存在着某些规律性的联系。随着社会的发展与科技的进步，消费者的个性、心理与需求不断地发生变化。在网络和信息技术的影响下，分析消费者行为的特点，探讨新环境下消费者行为的规律，满足消费者多样化、个性化的需求，具有十分重要的意义。企业想要在激烈的市场竞争中立于不败之地，就需要深入了解消费者行为的特点和规律，懂得如何分析消费者行为，想方设法地来满消费者的需求。

一、消费者

国际标准化组织（International Organization for Standardization，ISO）认为，消费者是以个人消费为目的而购买、使用产品和服务的个体社会成员。消费者是消耗产品或劳务使用价值的个体，是产品或服务的最终使用者。

在市场中，消费者通常是指购买产品或者接受服务的非营利性的人。需求是消费的根源，消费是由需求引起的，消费者购买产品和接受服务的目的是满足自己的各种需求。任何人，只要他购买产品或接受服务不是为了再次转手，也不是为了专门从事产品交易活动，那他就是消费者。

消费者是市场的主体和核心，是决定企业生存和发展的基础，企业的经营活动都是以消费者为中心展开的。消费者作为消费行为的主体，企业需要对其进行全面、深入的研究，准确把握其心理和行为。下文将从不同的角度来分析消费者的类型。

（一）从消费需求角度分析

消费者对某种产品或服务存在现实或潜在的需求。根据消费者对产品或服务需求的不同表现，我们可以将消费者分为现实消费者、潜在消费者与非消费者三种类型。

1. 现实消费者

现实消费者是指对某种产品或服务有需求，并且产生了实际消费行为的消费者，包括一般消费者和惠顾消费者。

在市场营销中，只要消费过某企业的产品或服务，就属于该企业的一般消费者。有的消费者会经常购买某企业的产品或服务，对品牌忠诚，对产品有着特殊的情结，那他就是惠顾消费者。惠顾消费者是企业生存与发展的根本，因此企业需要高度重视并着重培养这类消费者。

2. 潜在消费者

潜在消费者是指对某种产品或服务产生了注意、记忆、思维和想象，形成了局部购买欲，有购买需求，但还未采取实际行动，在未来某一时期内很有可能产生消费行为的消费者。这类消费者数量庞大，分布面广，是企业的潜在资源。企业可以通过一些营销手段来开发潜在消费者，以保持或提高市场占有率。

3. 非消费者

非消费者是指当前或将来都不可能需要、购买和使用某种产品或服务的人。

当然，消费者可以是某种产品或服务的现实消费者，也可以是其他产品或服务的潜在消费者，还可以是另一种产品或服务的非消费者，其可以同时拥有不相冲突的多重身份。

（二）从消费角色角度分析

在消费过程中，消费者扮演的角色是不同的，目前有许多不同的分类，常见的是将消费者角色分为五种，即提议者、影响者、决策者、购买者和使用者（见图1-1）。

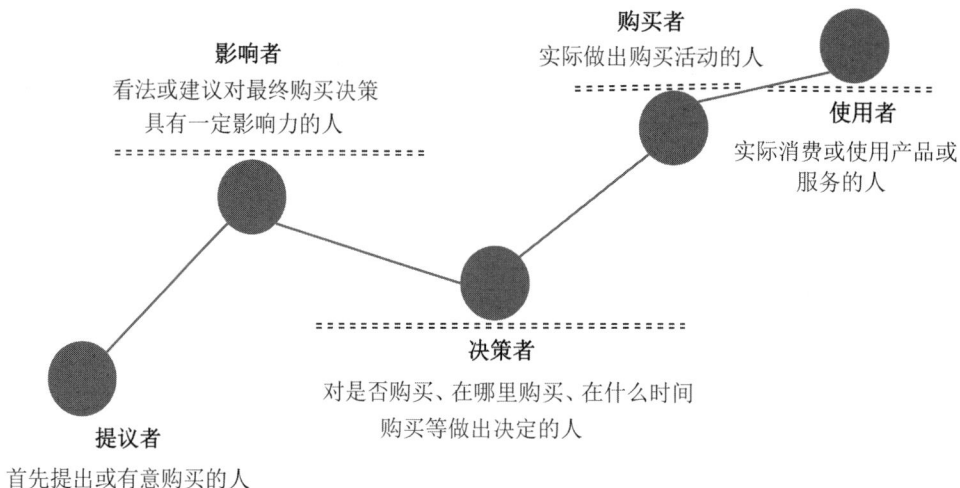

图 1-1　消费者在消费过程中扮演的不同角色

消费者可以同时扮演多个角色，而某一购买决策往往会涉及多个参与者。企业应善于区分和认识这些角色，这对企业设计产品、确定产品信息、选择促销手段和方式具有非常重要的意义。

二、消费者行为

消费者行为是指消费者为获取、使用、处置产品或服务所采取的各种行动，包括这些行动的决策过程。

　　消费者行为与产品或服务的交换密切地联系在一起。在市场经济条件下，企业研究消费者行为着眼于与消费者建立和发展长期的交换关系。为此，企业不仅需要了解消费者是如何获取产品或服务的，而且需要了解消费者是如何消费产品或服务，以及产品在用完之后是如何被处置的。消费者的消费体验、处置旧产品的方式和感受均会影响其下一轮购买，这会对企业和消费者之间的长期交换关系产生直接的作用。

　　消费者行为是一个整体，也是一个过程。对消费者行为的研究应该从了解消费者在获取产品或服务之前的意愿、评价和选择活动开始，重视消费者在获取产品或服务后对其使用和处置等活动，这样对消费者行为的研究才能更加深化，对消费者行为的理解也才会更趋于完整。

　　消费者行为主要由两部分构成：一是消费者的购买决策过程，即消费态度的形成过程，具体是指消费者在使用和处置所购买的产品或服务之前的心理活动和行为倾向；二是消费者的行动，即消费者购买决策的实践过程。在现实中，两者相互渗透、互相影响，共同构成消费者行为的完整过程。

知识拓展 1-1
"国潮时代"

　　因此，我们可以将消费者行为理解为消费者在搜寻、评估、购买、使用和处置一项产品或服务时所做出的决策过程，以及表现出来的各种行为，包括消费者的需求心理、购买动机、消费意愿及各种行为表现。在消费者行为中，最主要的行为表现就是购买行为。

案例链接

星巴克的新创意

　　星巴克（Starbucks Corporation）创办于 1971 年，它最初只是一个位于美国西雅图的小咖啡店，名叫"星巴克咖啡、茶和香料公司"（Starbucks Coffee，Tea and Spice）。1987 年之前，星巴克只卖咖啡豆、茶叶和调味品。星巴克创始人霍华德·舒尔茨（Howard Schultz）不满足于仅仅卖咖啡豆，当时他只是星巴克的一名销售经理，他在赴欧洲出差的过程中发现了咖啡文化，深受启发，希望星巴克能成为咖啡文化的代表，将意大利式咖啡文化引入美国市场，创造一种新的消费文化。他向星巴克的老板们提出将咖啡馆业务作为主要经营模式，但被拒绝了。舒尔茨辞职创业，在 1985 年创立了一家名叫 Il Giornale 的咖啡连锁店，专门出售意大利浓缩咖啡和带奶油的咖啡。1987 年，舒尔茨借钱收购了星巴克，并将其改为一家连接烘焙工厂和咖啡店的"第三空间"连锁店，实施了一系列革新措施，如使用现代化的咖啡机，加装独特的咖啡过滤器，更新单品，推出一系列咖啡饮品、零食和轻食等。这些改变为星巴克赢得了全新的客流和市场，使星巴克成为以咖啡文化为特色并成功影响全球的咖啡品牌。截至 2019 年，星巴克在全球范围内经营着约 30000 家门店，是全球范围内最著名和最成功的咖啡连锁店之一。

第二节　消费者行为分析的原则与方法

一、消费者行为分析的原则

（一）理论联系实际原则

消费者行为学不仅是一门理论科学，而且是一门应用科学。心理学和经济学为其提供了理论基础，市场营销与消费实践活动为其提供了实践的可能。因此，消费者行为学的研究必须遵循理论联系实际原则，运用消费心理和行为的相关理论，为事件中的消费行为找到活动的依据。

（二）客观性原则

人的心理是人对客观物质世界的主观反映，人的行为和活动都有发生、发展和消失的过程。人们在活动的时候，通过各种感官认识外部世界的事物，通过头脑的活动思考着事物的因果关系，并伴随着喜、怒、哀、惧等情感体验。因此，研究消费者的行为活动，必须将消费者在消费活动中可以被观察到的表现作为研究资料，客观地分析消费者在一定经济条件制约下的行为，揭示其发生和发展的规律。

（三）系统性原则

市场营销活动是企业的基本活动之一，是社会实践活动的一部分，参与该活动的主体多元且复杂。就微观的消费者个体而言，其心理过程与消费行为也受到多种因素的影响。因此，我们研究消费者的行为活动时需要遵循系统性原则，从整体上把握社会现象，在社会现象的联系中认识其内在本质，在动态中把握社会现象。

（四）发展性原则

应用技术能力的提高和市场信息的实时化，使市场进入障碍不断弱化，行业渗透性越来越强，企业主要围绕技术、知识、信息、管理、形象和服务等无形因素进行竞争，竞争变得异常激烈，在竞争中取胜的难度越来越大。因此，我们研究消费者心理和行为时应当遵循发展性原则，对消费者的心理和行为、消费态势做出预测，并采取相应的措施，从而使消费者行为分析的研究更有价值。

二、消费者行为分析的方法

（一）访谈法

访谈法是指调查者与消费者进行面对面的有目的的谈话，调查者询问消费者对所调查内容的态度和倾向。访谈法可以分为面对面访谈和电话访谈。其中，面对面访谈又可以分为一对一的深度访谈和一对多的焦点团体访谈。

一对一的深度访谈简称深度访谈，是一种研究性的交谈，是调查者通过与消费者的口头交流，有意识地对要获得的资料进行收集和梳理。在深度访谈中，参与的双方应是具备访谈技巧的专业人员与符合特定条件的访问对象。谈话的目的是揭示消费者的特定行为动机、态度及感受，并试图发现其内在的关系。访谈中，调查者可以从经验与行为、意见与价值、感知与感受、知识以及个人背景等若干方面向消费者提问。

值得一提的是，并不是所有情况都适用深度访谈。深度访谈适用于以下几种情况：① 需要对个体行为和态度进行深入研究；② 需要对某些复杂行为或决策模式有非常详细的了解；③ 讨论的主题带有情感性和隐私性；④ 存在强烈的社会规范，群体压力对个体反应会产生重要影响；⑤ 对专业人士进行访谈。

访谈法还有另一种实施形式，即一对多的焦点团体访谈，简称焦点团体访谈。标准的焦点团体访谈涉及 8～12 名被访者，有 1 名主持人或协调人主导，时长为 1～3 个小时。一般来说，团体成员的构成应该反映特定细分市场的特性。被访者是消费者，需要根据相关的样本计划被挑选出来，并在有录音、录像等设备的场所接受访问。有时也可以请委托方客户实时观摩访谈的经过。焦点团体访谈特别适用于大范围的问卷调研，收集和挖掘消费者的主观偏好、态度、观点、需求和关于产品或服务功能的想法，激发产品创意，探究产品概念，进行产品定位，或者制订广告与传播策略。

📒 课堂讨论

你印象中最成功的电视访谈节目是哪个？请你谈谈它的成功之处。

（二）观察法

观察法主要用于研究观察对象的现期行为，收集广告、品牌、包装、商标、橱窗布置、柜台设计等的市场效果，观察对象对不同价格的反应，研究新产品的销售情况等，用于分析观察对象的消费趋向。观察法与访谈法一样，属于定性研究方法中的一种，是指在自然条件下，观察者带有明确目的，用自己的感觉器官及其辅助工具直接地、有针对性地收集资料的调查研究方法。观察法是科学研究中最一般、使用最方便的研究方法，也是消费者行为学中一种最基本的研究方法。

观察法的优点是成本低、简单易行、直观、真实。观察者在观察时，未对观察对象施加附加的影响，观察对象的行为主要来自其本身的需求与愿望，是其内心消费心理的一种自然流露，符合主观性原则。但这种方法也存在某些局限性、片面性、被动性。这是因为观察者只能被动地等待观察对象的某种行为出现，而不能对其施加影响，有时观察对象的行为背后真正的需求与心理状态令人难以捉摸，观察者难以知晓观察对象的购买行为是偶然性的还是经常性的。购物行为观察主要是观察购物者的购物行为，我们也可以通过他们与产品和人员互动时的面部表情和身体姿态去了解。比起人们有意识地做出的表情，微表情更能体现人的真实的感受和动机。

除了微表情观察法，另一种流行的消费者现场研究方法不得不被提及，这种方法叫民族志。民族志是 20 世纪初期，由文化人类学家创立的一种研究方法。市场营销人员从人类学研究领域借用这种方法，综合运用观察法、访谈法和视听记录等方法，对消费者的行为、情绪反应以及认知进行研究。他们与消费者一起生活，住进消费者的家，了解消费者如何将产品融入自己的生活，以此获得对消费者生活方式的深入理解。

课堂讨论

请你想一想，除了留下生活垃圾、购物小票等痕迹外，我们还会在消费中留下其他痕迹吗？

（三）问卷法

问卷法是国内外市场调查中使用较为广泛的一种方法。问卷法是以请被调查的消费者书面回答问题的方式进行的调查，也可以变通为根据预先编制的调查表请消费者口头回答，同时由调查者记录。问卷是指为统计和调查所用的、以设问的方式表述问题的表格。问卷法就是调查者用这种控制式的测量对所研究的问题进行度量，从而收集到可靠的资料的一种方法。调查者大多用邮寄、个别分送或集体分发等多种方式发送问卷。一般来讲，问卷较访谈表要更详细、完整和易于控制。问卷法的主要优点在于标准化和成本低。问卷法是以设计好的问卷工具进行调查，问卷的设计要求规范化并可计量。问卷法是消费者心理和行为研究中的最常用的方法之一。

问卷调查的回答方式有自由式问答和封闭式问答两种。自由式问答是让被调查的消费者完全不受任何约束地自由填写问题答案，让消费者充分表达自己的意见，但归纳、整理、分类较难。封闭式问答是在问卷问题中事先列出几个答案，由消费者选择其中之一或其中几个答案。这种方式整理、分类较方便，但是答案已被限制，消费者可能难以充分表达自己的意见。有时不同的消费者虽然选择同样的答案，但其内在的心理需求可能有差别，遇到这种情况时，调查者就难以发现他们之间的差异。

通过回答，问卷法可以清楚地反映出调查者希望了解的问题；可以在较短的时间内完成针对众多消费者的调查；费用少，效率高，信息量较大，归纳、整理较为方便。但这种方法的不足之处在于问卷回收率较低，一般情况下，当回收率达到70％以上时，问卷方可作为研究结论的依据。目前，调查者多采用电子问卷。

（四）实验法

实验法原本是心理学研究中最为重要的一种方法。营销学者将心理学中的实验移植到市场调查中来，在给定的条件下，对市场活动的某些内容及其变化加以实际的调查、验证和分析，从而获得市场信息。实验法最大的特点就是将调查对象置于非完全自然的状态。它包括实验室实验法和自然实验法两种。实验室实验法是指在专门的实验室内，借助仪器设备进行心理测试和分析的方法。由于借助了仪器，使用这种方法可以使调查者得到比较科学的结果，但是存在无法测定比较复杂的个性心理活动的缺点。自然实验法又叫作田野实验法，是指调查者通过适当的控制并创造某些条件来刺激和诱导消费者产生某种心理活动，或者利用一定的实验对象对某个心理问题进行实验，最终记录消费者的各种心理表现。总体来说，实验法的应用范围是比较广泛的。

一般来讲，改变产品品质、变换产品包装、调整产品价格、推出新产品、改变广告形式和内容、改变产品陈列等，都可以采用实验法来预示其市场效果。常见的实验操作有以下几种。

1. 事前事后对比实验

这是一种操作最简便的实验法形式。采用这种方法是指在同一个市场内实验，前期在正常的情况下进行测量，收集必要的结果数据，然后进行现场的实验，经过一段实验时间以后，再去测量和收集实验过程中或者事后的资料数据，然后进行事前和事后的对比，通过对比观察，了解实验变速的效果。比如，我们在生活中经常见到广告中出现了产品使用前后的对比情况，就是这种方法的最常见形式之一。

2. 控制实验组，与对照组进行对比

实验组就是指被实验和操纵的组。采用这种实验调查方法的优点在于，实验组和对照组在同一时间内进行现场的销售情况对比，不需要按照时间顺序分成事前、事后，这样就可以排除由于实验时间的不同而可能出现的影响。例如，想知道美观的产品外形是否会更好地促进销售，我们可以在同一段时间内来看一看同一个品牌的两家相似的门店中，有图案的卷纸相比普通的卷纸是否会有更高的销售量。

3. 有控制的事前事后对比实验

它是指控制事前事后的实验结果，对实验结果进行比较。如果我们想要测试 19 种防晒产品的效果，就可以在同一个时间周期内，在不同的产品或者企业之间选择对照组和实验组，然后对实验结果进行事前与事后的测量，并加以对比。这种方法的变数比较多，有利于消除实验期间外来因素的影响，可以大幅提高实验的准确性。

4. 随机对比实验

前面三种方式虽然特点不同，但是在选择实验单位上都有一个共同点，也就是说，它们都是按照判断分析的方法来选出实验对象，在对调查对象的情况比较熟悉的条件下，采用判断分析法来选定实验对象，简单易行，也能够获得较好的调查结果。但是，当我们所需的实验样本很多、市场情况又十分复杂的时候，按照主观的判断分析来选择实验对象就有可能行不通。这个时候，就可以采用随机抽样的方式来选择实验对象，使得众多的实验对象都有可能被选中，从而保证实验结果的准确性。

相比访谈法和观察法等消费者行为分析的研究方法，实验法的优点十分明显：第一，它可以有效地控制、分析、观察某些市场现象之间是否存在因果关系以及相互之间影响的程度；第二，通过实验取得的数据比较客观，具有一定的可信度。当然，优点是相对的，实践中影响经济和市场现象的因素可能不可控制，在一定程度上，实验效果也会受到影响。同时，实验法的缺点也很明显，主要在于其运用有一定的局限性，并且费用较高。实验法只适用于对当前的市场现象进行分析，对历史情况和未来变化的影响较小，所需的时间较长。

四种常见的消费者行为分析方法的优缺点如表 1-1 所示。

表 1-1 常见的消费者行为分析方法的优缺点

方法	优点	缺点
访谈法	具有较大的灵活性；可以设置话题，方便收集较多信息；易于理解消费者复杂的心理和行为结构；有助于验证假设	人力、物力和时间耗费大，规模有限；被访者有时不会按照调查者的期望答题；调查者需要熟练掌握访谈技巧
观察法	成本低、简单易行、直观、真实；观察者在观察时，未对观察对象施加附加的影响，观察对象的行为主要来自其本身的需求与愿望，是其内在消费心理的一种自然流露，符合主观性原则	存在局限性、片面性、被动性；观察者只能被动等待观察对象的某种行为出现，观察对象行为的真正需求与心理状态有时令人难以捉摸，观察者难以知晓观察对象的某种行为是偶然出现的，还是经常出现的
问卷法	可以清楚地反映出调查者希望了解的问题；能在较短的时间内完成对众多消费者的调查；费用少，效率高，信息量较大，归纳整理较为方便	问卷回收率较低，目前问卷法多采用电子问卷

续表

方法	优点	缺点
实验法	可以有效地控制、分析、观察某些市场现象之间是否存在因果关系以及相互之间影响的程度；通过实验取得的数据比较客观，具有一定的可信度	可能出现不可控的经济和市场现象，影响实验效果；适用于对当前的市场现象进行分析，对历史和未来影响较小，所需时间较长，费用较高

第三节　消费者行为分析的目标与意义

一、消费者行为分析的目标

（一）描述消费现象

我们系统地学习消费者行为学，可以从学科的研究视角对各种消费行为进行界定，以建立和发展有关消费行为的完整、科学的概念体系，还可以对整个消费现象、某一具体消费行为做出描述，并确定其内涵和外延。

（二）解释消费背后的动因

理论上，学习消费者行为学有助于我们正确地解释消费现象的本质和起源，通过对消费行为表象的研究，去追寻和发现行为所蕴含的社会意义及其心理根源。

（三）预测消费趋势，控制消费活动的结果

学习消费者行为学、了解消费者行为分析知识，除了有助于我们对消费者行为做出描述性解释外，还能帮助我们理解消费行为活动产生和发展变化的规律，指导我们依据在研究中所积累的资料进行逻辑推导，预测消费主体进一步的消费行为趋势及消费行为走向，理解消费者的行为特征具有相当大的不确定性，但同时也具有一定的可塑性。因此，我们可以在一定范围内对市场营销人员和消费者的行为进行预测和调整，也可以通过改变内在、外在的相关因素实现对消费行为的调控，从而提高活动效率。

知识拓展 1-2
"网红经济"

二、消费者行为分析的意义

（一）从企业的角度来看，有助于制定市场营销战略

从某种程度上来讲，所有的市场营销战略都是建立在对消费者行为理解的基础之上的。深入研究消费者行为，可以使企业获得可运用于管理实践的消费者行为知识，并以此为基础制定切实可行的营销战略，减少决策性失误。下面，我们对市场营销战略和消费者行为之间的关系进行探讨，从中可以看出消费者行为研究对于企业制定市场营销战略的重要意义。

1. 消费者行为分析与市场细分

市场细分就是找出具有相同或类似需求的消费群体，该群体可以被称为一个细分市场。由于每一个细分市场都有着独立的需要，相比采用无差异市场营销战略服务于多个细分市场的情形，针对特定细分市场的需要制定和实施相应的市场营销战略就能够使消费者获得更大程度的满足，也会使企业的市场营销活动取得更好的成效。

2. 消费者行为分析与产品定位

产品定位就是企业根据市场竞争状况和自身资源条件形成和发展自身产品的差异化特征，并将这种特征进行传播，使产品在消费者心目中获得一个优于竞争对手的独特位置。进行产品定位的方法有多种，而研究消费者的行为和心理则是进行有效产品定位，进而制定有效市场营销战略并从市场竞争中脱颖而出的前提。

3. 消费者行为分析与新产品开发

新产品开发源于产品创意，而许多好创意都是源于对消费者需要和欲望的分析。企业通过研究消费者对当前产品的态度，确定消费者所需的特殊产品特征。如果企业确认现有产品不具备消费者期望的特征，就可能找到开发一种新产品的机会。

案例链接

好孩子秋千式童车的诞生

好孩子国际控股有限公司（简称好孩子）是全球领先的儿童用品公司及中国最大的母婴产品品牌商、分销和零售平台。有一次，好孩子的总裁到荷兰出差，看到一对青年夫妇推着一辆童车进入百货商店。百货商店里人很少，非常安静，突然童车里的那个孩子哇哇大哭。孩子的妈妈很着急，怕影响别人，就把童车往台阶上轻轻撞了撞，结果小孩不哭了，片刻过后，

孩子又哭了起来。这对，这对夫妇觉得很不好意思，就推着童车走了。当时，这位总裁就想，如果童车里的车兜是像秋千那样挂在车架上的，当童车晃动的时候，车兜就会很自然地晃动起来，这样，孩子会感觉很舒服，妈妈晃动童车的动作也比较优雅。回国后，经过进一步研究，他的这一想法被付诸实践，好孩子开发出了一种秋千式童车，在市场上受到了消费者的欢迎。

4. 消费者行为分析与产品定价

消费者行为分析理论在定价方面的一个重要应用，就是预测价格变化对消费者可能造成的影响：如果降低价格，必须降得足够低，这样消费者才能感觉到价格发生了变化；相反，如果提高价格，在大多数情况下，企业会选择采用消费者不易察觉的方式。零售商通常认为，降价至少要达到20%，消费者才会意识到。例如，如果一套服装标价300元，必须降价60元，对销售才有促进意义；而如果标价为3000元，要使降价策略有效，其降价幅度应该达到600元。

5. 消费者行为分析与渠道选择

企业进行渠道选择的目的是让消费者在需要的时候能够买到产品，有效的渠道决策应建立在掌握消费者在何处购买的信息的基础之上。对于不同的产品，消费者往往习惯于通过不同的渠道购买。近年来，随着互联网的普及，越来越多的消费者选择在网上购物，这也促使很多传统企业加速进军网络零售市场。网络已经成为一种重要的营销渠道。

6. 消费者行为分析与促销策略

对于营销管理人员来说，消费者行为的特征在促销策略上有着广泛的应用。以广告为例，在确立广告的主题和表现手法时，企业对目标市场消费者的动机和心理特征进行分析是必不可少的。

（二）从政府的角度来看，有助于制定保护消费者权益的政策

消费者在购买、使用产品和接受服务时，享有人身和财产安全不受损害、知悉产品和服务的真实情况、自主选择和公平交易等多项权利。而保护消费者的这些权利，则是政府的一项重要职能。政府对消费者权益的保护离不开对消费者行为的深入理解。建立在消费者行为分析基础之上的法律和政策措施，能够更加有效地实现保护消费者权益的目的。例如，很多国家和地区都对面向未成年人的广告有专门的限制性规定。之所以施加这些限制，是因为大多数研究表明，未成年人缺乏认知和处理消费信息的能力，通常不能正常区分电视节目和广告，也容易对广告中的用语产生误解。

（三）从消费者的角度来看，有助于采取理性而成熟的消费行为

研究消费者行为对于消费者自身来说也具有十分重要的意义。我们几乎每天都要消费，具有丰富的消费者行为知识可以使我们更准确地识别影响自身消费行为的因素，做出更加理性而成熟的消费行为，避免落入各种消费陷阱之中。另外，我们每天都暴露在大量的营销信息之中。无数企业耗费巨资采用广告、打折、抽奖等各种手段试图影响我们的消费决策。面对这些劝诱和说服，我们只有准确地理解或把握一定的策略，才能使自己免于被开展这些活动的企业过度操纵。

本章小结

消费者通常是指购买产品或者接受服务的非营利性的人。消费者行为是指消费者为获取、使用、处置产品或服务所采取的各种行动，包括这些行动的决策过程。

消费者行为分析的原则包括理论联系实际原则、客观性原则、系统性原则和发展性原则。消费者行为分析的方法通常有访谈法、观察法、问卷法和实验法。

进行消费者行为分析具有重要的意义：从企业的角度来看，有助于制定市场营销战略；从政府的角度来看，有助于制定保护消费者权益的政策；从消费者的角度来看，有助于采取理性而成熟的消费行为。

复习与思考

一、简答题

1. 什么是消费者行为？
2. 简述消费者行为分析的原则和方法。
3. 简述消费者行为分析的目标和意义。

二、案例分析

致华为用户的一封信

2023 年 8 月 29 日，华为商城官方微博发布《致华为用户的一封信》，这封公开信提到华为推出了"HUAWEI Mate 60 Pro 先锋计划"，当日 12：08，华为 Mate 60 Pro 手机正式开始售卖。这款手机采用同心设计，色彩灵感源自壮丽的山川河流，有雅川青、白沙银、南糯紫、雅丹黑四种配色，以大地

色卡为消费者带来独特的视觉美学。华为在卫星通信领域再次取得突破，Mate 60 Pro 成为全球首款支持卫星通话的大众智能手机，即使在没有地面网络信号的情况下，消费者也可以从容拨打、接听卫星电话，时刻保持在线。2022 年，华为推出了超可靠昆仑玻璃，解决了消费者使用手机的核心痛点。这次，Mate 60 Pro 首发第二代昆仑玻璃，耐摔能力又提升了 1 倍；除此之外，第二代昆仑玻璃还有极具创新能力的超可靠玄武架构，对手机的保护更加周全。华为持续引领移动影像发展，Mate 60 Pro 在闪拍、肖像、微距等场景下的全焦段拍摄体验上，有着非常出色的表现。很多消费者喜爱的 AI 隔空操控、智感支付、注视不熄屏等智慧功能，在 Mate 60 Pro 上全面回归。同时，这款手机接入盘古人工智能大模型，为消费者提供更智慧的交互体验。

讨论：你认为《致华为用户的一封信》最能打动哪些消费者？为什么？

三、项目实训

1. 实训目标：深入了解消费者行为的特征
2. 实训要求：考察你最近的一次购买行为
3. 实训内容
请分析自己作为消费者在最近发生的某次购买行为中的特征。
（1）为什么要进行这次购买？
（2）此次购买中，同学、朋友、家人扮演了什么样的角色？
（3）此次购买行为受到了哪些因素的影响？试列出 3 至 5 个。
4. 实训成果及考核要求
（1）以书面作业的形式上交。
（2）要求写出所购买的产品或服务。
（3）对影响因素进行分析。

第二章 消费者的需要和动机

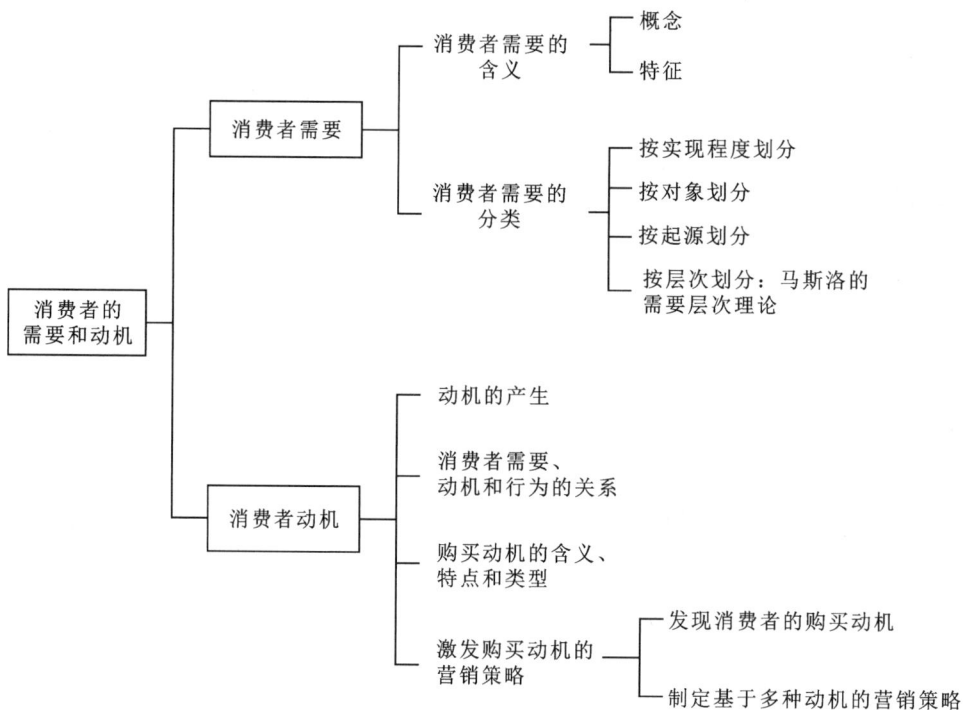

知识目标

- 了解消费者需要的概念和特征。
- 掌握消费者需要的层次。
- 掌握购买动机的含义和特点。
- 理解消费者需要、动机和行为的关系。
- 掌握激发购买动机的营销策略。

能力目标

- 能够分析消费者需要，并利用消费者需要的特征开展相应的营销活动。
- 具备识别和分析产品所满足的消费者需要类型的能力。
- 能够运用消费者需要层次的知识来分析消费者的购买动机。
- 具备通过设计营销活动，唤起消费者购买动机的能力。

素养目标

- 倡导理性消费，树立正确的消费观念。
- 锻炼从专业视角发现问题、分析问题和解决问题的能力，养成客观、公正、实事求是的工作作风。
- 树立"顾客就是上帝"的理念，强化尊重消费者的合理需要的职业道德意识。

情境导入

小 猴 进 城

　　小猴脚受了伤，想进城却没法自己走，找了一辆车但没人拉。他想呀想，终于想出了一个好主意。他在车上系了三个绳套，一个长，一个短，一个不长也不短。他叫来了小老鼠，让他闭上眼，拉长套；又叫来小狗，让他闭上眼，拉短套；再叫来小猫，在小猫背上系了一块肉骨头，让小猫闭上眼，拉不长不短的绳套。小猴爬上车，让大家一起睁开眼。小老鼠看见身后有猫，吓得拉着长套拼命跑，小猫看见前面有只老鼠，拉着车使劲地追，小狗看见猫背上的肉骨头，馋得直往前撵。小猴快活地坐在车里，不一会儿就进了城。

　　这个故事说明了什么道理呢？如果将这个道理应用到市场营销活动中，我们能得到什么启示呢？

产品或服务的营销，就是要调动消费者购买的积极性，就要像故事中的小猴一样，分析消费者不同的需要，通过激发消费者的需要，使他们产生对产品或服务的需求和动机，进而产生购买行为。

第一节　消费者需要

一、消费者需要的含义

行为科学理论认为，人的行为都是由一定的动机引起的，而动机又产生于人类本身的内在需要，消费者的行为也不例外。产生消费者行为的最基本的内在原因就是消费者需要。

（一）消费者需要的概念

需要是指人们在个体生活和社会生活中感到某种欠缺而力求获得满足的一种心理状态。人的需要既有生理方面的，也有社会方面的。作为有机体，人体必须不断补充一定的能量才能生存，如食物、水、空气和睡眠等，这些就是人的生理性需要，因此，生理性需要是人最基本的需要。作为社会成员，人还有求知、求美、交往、尊重、成就等社会性需要，这些社会性需要是人类所特有的需要。需要在人的心理活动中具有十分重要的作用，人的心理需要影响着人的情绪、思维、意志等活动，是人类行为的原动力。古人云，"人生而有欲"，这里的"欲"，指的就是欲望、意愿或需要。

消费者需要，是指消费者在一定的社会经济条件下，为了自身的生存与发展对产品和服务产生的需求和欲望。消费者需要包括在人类的一般需要之中，常常以对产品和服务的愿望、意向、兴趣、理想等形式表现出来。市场营销学中的消费者需要指的是在一定时间内有支付能力的市场需求。从消费者个人的角度来讲，消费需要反映消费者某种生理或心理体验的缺乏状态，并直接表现为消费者对获取以产品或服务形式存在的消费对象的需求和欲望。

（二）消费者需要的特征

1. 多样性

不同的消费者由于主客观条件存在差异，会形成多种多样的消费需要。我们国家幅员辽阔，人们的消费习惯多种多样。以食物来说，处于牧区的蒙古族、藏族等大多习惯食用奶制品，如奶豆腐、奶干、酸奶、奶酪等，品种十分丰富；我国东北地区的居民习惯食用豆类和面类。就同一消费者而言，消费需要也是多元的，同一消费者对某一特定消费对象通常同时兼有多方面的需要。

2. 发展性

消费者的消费需要会经历由低级向高级、由简单向复杂不断发展的过程。随着商品经济的发展和社会文明程度的提高，消费者会不断地产生新的需要，消费者的某种需要一旦得到满足，其暂时不再受该种需要激励因素的影响，而是渴望并谋求其他更高一级的需要，并不断地向新的需要发展。

消费者需要的发展性体现在市场上，表现为产品数量的增多和产品质量的提高。人的一种需要得到满足后，人又会产生新的需要。所以，人的需要不会有被完全满足和终结的时候。正是需要的无限发展性决定了人类活动的长久性和永恒性，而这正是推动企业不断创新、市场不断发展的原动力。

3. 周期性

消费者在某个需要得到满足后，通常在一定时间内不再产生此需要，但是随着时间的推移，此需要可能会重新出现，显示出周而复始的特点。但是，这种重复出现的需要在形式上总是不断翻新的，也只有这样，需要的内容才能不断变得丰富，才能不断发展。

4. 伸缩性

伸缩性又称弹性，是指消费者对某种产品和服务的需要会因某些因素如支付能力、价格、储蓄利率等的影响而发生一定限度的变化。消费者需要的伸缩性可以解释人们用于解决需要冲突的适应性行为。企业在从事生产和经营活动时，应从我国消费者当前的实际消费水平、消费历史和消费习惯的特点出发，注意将满足消费者物质需要和精神需要有机地结合起来。

5. 可诱导性

消费者需要的产生、发展和变化，同生活环境、消费环境等有着密切的联系。消费者需要不是一成不变的，它会随着周围环境的变化而发生改变。消费者需要可以改变，即消费者需要可以通过人为地、有意识地给予外部刺激或改变外部环境而发生变化和转移。社会政治经济的变革、生活工作环境的变化、企业的广告宣传等因素都有可能诱发消费者需要的变化和转移。因此，企业可以通过一些人为的手段来刺激消费者需要，例如，通过倡导时尚、明星示范、促销、广告等方式诱导消费者产生某种需要。

知识拓展 2-1
体验营销

"无所不洗"的海尔洗衣机

1996 年，一位四川成都的农民投诉海尔洗衣机排水管总是堵塞，服务人员上门维修时发现，这位农民用洗衣机洗红薯，泥土多，排水管当然容易堵塞。服务人员不推卸责任，帮这位顾客加粗了排水管。该顾客感激地说，如果有能洗红薯的洗衣机就好了。海尔公司调查四川农民使用洗衣机的状况时发现，在盛产红薯的成都平原，到了红薯大丰收的时节，许多农民除了卖掉一部分新鲜红薯，还要将大量红薯洗净后加工成红薯条。但红薯上附着的泥土洗起来费时费力，于是很多农民就用洗衣机来洗红薯。海尔公司萌生一个大胆的想法：发明一款专门洗红薯的洗衣机。这款洗衣服1997 年立项，1998 年 4 月投入批量生产，不仅具有洗衣功能，还可以洗红薯、土豆等。首批生产的 10000 台洗衣机被投放到农村，立刻一抢而空。2000 年 7 月，海尔公司研制开发的一款既可以洗衣服又可以打酥油的高原型"小小神童"洗衣机在西藏市场一上市，便受到消费者的热烈欢迎。这款洗衣机 3 个小时打制的酥油，相当于一名藏族妇女 3 天的工作量。在2002 年举办的第一届合肥"龙虾节"上，海尔公司推出了一款"洗虾机"，引发了难得一见的抢购热潮，上百台"洗虾机"不到一天就被当地消费者抢购一空，更有许多龙虾店经营者纷纷交定金预约购买。

二、消费者需要的分类

在初步认识了消费者需要的基础上，我们了解了消费者需要的结构层次，并掌握了消费者需要的基本特征，接下来，我们就要确定消费者需要的类型。由于消费者需要千差万别、复杂多样，我们需要按照一定的标准对消费者需要的类别进行划分，依据不同的标准划分出的消费者需要呈现出不同的特征。

（一）按照消费者需要的实现程度划分

按照实现程度，可以将消费者需要分为现实需要和潜在需要。

现实需要指的是当前已经明确形成的且消费者具有足够货币支付能力的需要，现实需要可以随时转化为消费行动。

潜在需要，即目前尚未显现或明确，但在未来可能形成的需要。潜在需要目前处于潜在状态的原因，可能是内部条件尚未达到临界程度，或缺乏外界环境的足够刺激。

（二）按照消费者需要的对象划分

按照需要对象的不同，可以将消费者需要分为物质需要和精神需要。

物质需要，即消费者对于物质形态存在、有形产品的需要。具体来讲，物质需要又可以进一步细分为低级的物质需要和高级的物质需要。低级的物质需要，即维持生命所必需的基本物质对象；高级的物质需要，即人们对高级生活用品，如现代家用电器、高档服装、健身器材、美容美发用品等，以及对于从事劳动的物质对象如劳动工具的需要。

精神需要，即消费者对于观念对象或精神产品的需要。精神需要具体表现为对艺术、知识、认识、美、友情、亲情，以及追求真理、满足兴趣爱好等方面的需要，精神需要可以通过各类无形的服务活动来得到满足。

（三）按照消费者需要的起源划分

按照起源，可以将消费者需要分为生理性需要和心理性需要。

生理性需要，即消费者个体为维持和延续生命，对于衣、食、住、安全、睡眠等基本生存条件的需要。生理需要是人作为生物有机体与生俱来的，是由消费者的生理特性决定的。

心理性需要，即消费者在社会环境的影响下，所形成的带有人类社会性特征的需要，如社会交往的需要、表现自我的需要、对荣誉的需要等。这种需要是由消费者的心理特性决定的，是人作为社会成员在后天的社会生活中形成的。

（四）按照消费者需要的层次划分

在对人类的需要开展的研究中，心理学家马斯洛的需要层次理论最为典型。如图 2-1 所示，马斯洛将人类的需要按从低级到高级的顺序分为五个层次。

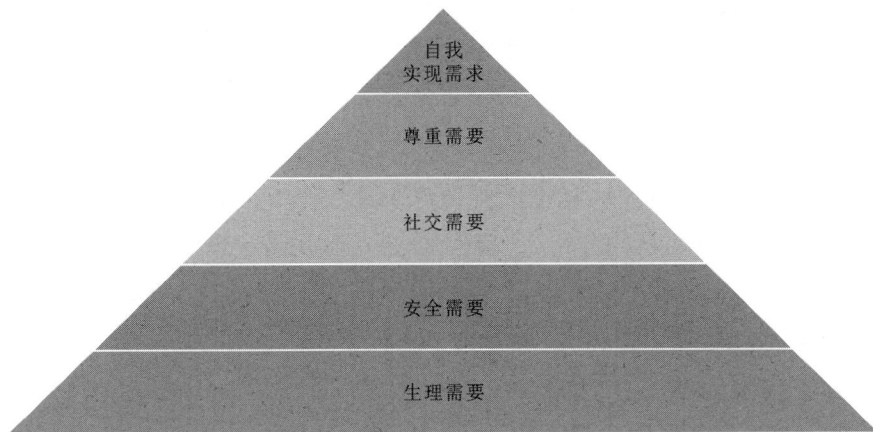

图 2-1　马斯洛的需要层次理论

1. 生理需要

生理需要是指人为了维持和发展个体生命而对外界条件的需要，是最低层次的需要。生理需要表现为对衣、食、住、行等的需要。例如，舒肤佳香皂的广告语"爱心妈妈，呵护全家"反映的就是消费者的日常基本需要。该品牌以"除菌"为品牌核心竞争力，聚焦家庭这个目标群体，通过孩子踢球等场景设定，告知消费者在生活中易接触大量细菌，以及杀菌除菌的急迫性，引导消费行为。改革开放40多年来，中国的经济获得了极大的发展，绝大多数消费者的生理需要都得到了满足，以往市场营销中针对消费者的衣、食、住、行等需要展开的活动就要与时俱进，考虑新的价值点。对于生产食品、饮料等产品的企业而言，产品能够消除饥饿或者解渴已经不再是价值点。此时，营销活动的重点应该集中在其他层次的需要上。

2. 安全需要

安全需要是指人为了保护自己的生理和心理免受伤害，获得保护、照顾和安全感的需要。安全需要表现为要求自身的健康，安全、有序的环境，清晰的规则，稳定的职业和有保障的生活等。例如，太平洋保险公司的"平时一滴水，难时太平洋"，就体现了消费者的安全需要。这句广告语道出了保险的意义和作用：一是未雨绸缪，具备忧患意识，才能防患于未然；二是倡导互助精神，构建互帮互助的社会氛围，有效配置社会资源。再如，曾经雾霾天气肆虐，严重影响了人们的身心健康，政府花大力气来治理污染，在全社会倡导"绿水青山就是金山银山"的环保理念，消费者也自觉使用节能型的绿色产品，也是出于对安全的需要。

3. 社交需要

社交需要是指人希望给予和接受别人的友情与爱情，以及得到某些社会团体的重视和接纳的需要。社交需要表现为对结识朋友、交流情感、表达爱情、参加社会团体活动等的需要。例如，百事可乐的广告语"新一代的选择""渴望无限"聚焦的就是消费者的社交需要，这是因为百事可乐公司认为，年轻人充满活动，对很多事物都有所追求，比如音乐、运动等。互联网时代，各种各样的社交软件，如腾讯QQ、微博、微信等，均是部分基于消费者的社交需要而开发的产品。

4. 尊重需要

尊重需要是指人对自尊心、荣誉感、受人尊重及在社会上获得一定地位的需要。尊重需要表现为人对独立、自由、自信、地位、名誉、认同和被尊重等的需要。例如，飘柔洗发露的广告语"飘柔，就是这么自信！"直观地刻画了消费者使用飘柔产品之后感到自信的精神状态，其满足的正是消费者的尊重需要。

知识拓展 2-2
为什么马斯洛的
需要层次理论
如此重要？

5. 自我实现需要

自我实现需要是人类最高层次的需要，是个体把各种潜能发挥出

来，从而实现理想的一种需要。自我实现需要表现为个体努力获得事业成功，在技术上精益求精。例如，运动品牌李宁的广告词是"一切皆有可能"，它向消费者传达的是努力展现自己的魅力，实现人生价值。

课堂讨论

乘坐网约车出行的消费者的需要属于哪个需要层次？乘网约车出行涉及哪些安全问题？

案例链接

中国人结婚"四大件"的变迁

改革开放 40 多年来，人们的生活发生了翻天覆地的变化。就拿结婚来说，40 多年前，一张黑白照片，几斤糖果，几桌酒席，一对新人的婚礼便在亲朋好友的祝福声中完成。现在，漂亮的婚纱、唯美的婚纱照、专业的婚庆公司成为婚礼中不可或缺的元素。

20 世纪 70 年代末，家境不错的人家结婚时开始添置"三转一响"，即手表、自行车、缝纫机和收音机，这就是所谓的"四大件"。进入 80 年代，这些被新的"四大件"（电冰箱、黑白电视机、石英手表和洗衣机）取而代之。90 年代，人们开始追求彩色电视机、洗衣机、冰箱、空调。到了 21 世纪，人们的思想更加多元化，不同人群对"四大件"的理解也不尽相同。

现在，很多年轻人坐在宽敞明亮的房间，看着窗外斑斓的街景，鼠标在电脑屏幕上滑动，搜索不同年代人们的婚礼资料，很容易产生恍如隔世的感觉——由简陋到纷繁，像是一出保守的黑白样板戏，一点一点在时光的演进中融合绚烂与奢华的元素。

第二节　消费者动机

一、动机的产生

动机的产生是由两种因素促成的：一个是需要，另一个是诱因。两者缺一不可。

（一）需要是动机形成的基础

需要被认为是引起动机的内在条件，人的动机是在需要的基础上形成的。当人们感到在生理或心理上存在着某种缺失或不足时，就会产生需要。一旦产生了需要，人们就会设法去满足这个需要。只要当外界环境中存在着能满足个体需要的对象时，个体活动的动机才可能出现。换句话说，只有当愿望和需要激发人进行活动并维持这种活动时，需要才成为活动的动机。比如，一个饥肠辘辘的行路人会产生对食物的需要，如果此时他发现了餐饮店，他对食物的需要就会转化为购买食物的动机。

如果人的需要是个体行为的源泉和实质，那么，人的各种行动就是这种源泉和实质的具体表现。动机和需要密切联系，离开需要的动机是不存在的。但是，并不是所有的需要都会转化为动机，需要转化为动机必须满足以下两个条件。

1. 需要必须达到一定的强度

这就是说，某种需要必须成为个体的强烈愿望或者迫切要得到满足的目标。如果需要不迫切，则其不足以使人去行动来满足这个需要。

2. 动机的产生离不开诱因的刺激

需要转化为动机还要有适当的客观条件，那就是诱因的刺激。诱因的刺激既包括物质性的刺激，也包括社会性的刺激。有了客观的诱因，人才能积极行动，来满足某种需要；相反，没有诱因，需要就无法转化为动机。比如，荒岛上的人很想与其他人交往，但荒岛上缺乏交往的对象（诱因），所以，这种需要就无法转化为动机。

（二）诱因是动机形成的外部条件

诱因，即能满足个体需要的外部刺激物。想买衣服的人，看到商场里陈列的服装，就有可能产生购买的动机。商场里的服装就是购买活动的诱因。例如，饥饿会导致有机体去寻找食物，但并不饥饿的人看见美味佳肴也会产生食欲，可能会出现再次进食的情况。诱因使个体的需要指向具体的目标，从而引发个体的活动。所以，诱因是引起相应动机的外部条件。

诱因分为正诱因和负诱因。正诱因，即能使个体因趋近它而满足需要的刺激物。比如，儿童被同伴接纳，可以满足其归属与爱的需要。在这里，同伴的接纳就是一个正诱因。负诱因，即能使个体因回避它而满足需要的刺激物。比如，店铺服务态度差对一个初次购买的消费者通常意味着自尊心受伤害，所以，他往往采取种种方式以防止类似情况的发生，维护自己的自尊心。在这里，质量差的服务就成了负诱因。

🔖 课堂讨论

小琼是个爱美的女孩。她的洗发水快用完了，所以，她来到超市准备买一瓶新的洗发水。正当她面对琳琅满目的洗发水耐心挑选的时候，突然一瓶外包装上印有美丽花纹的洗发水令她眼前一亮。她拿起这瓶洗发水仔细打量，忍不住赞叹道："好漂亮啊！"然后她又看了看功效和价格，便不再继续挑选，拿着这瓶洗发水走到收银台前付了款。

问题：什么原因最终导致她做出如此选择呢？

二、消费者需要、动机和行为的关系

需要、动机、行为三者之间具有密切的联系。当人产生需要而未得到满足时，人就会出现一种紧张不安的心理状态，在遇到能够满足需要的目标时，这种紧张的心理状态就会转化为动机，促使人去从事某种活动，去实现目标。当目标得以实现，人的生理或心理获得满足后，紧张的心理状态就会随之消除。这时可能又会产生新的需要，引发新的动机，指向新的目标。这个过程是一个循环往复、连续不断的过程。可以说，需要是动机和行为的基础，人们产生某种需要后，当满足这种需要的某种特定目标出现时，需要就会引发动机，进而成为引发人们行动的直接原因。

理解动机与行为的关系时，我们需要注意以下几点。

第一，每个动机都可以引起行为。虽说消费者的每个动机都可以引起不同的消费行为，但是，在多种动机中，只有起主导作用的动机才会引起最终的消费行为。

第二，同一动机可以引起多种不同的行为。由于消费者个体的差异、外界环境的不同，同一动机可能导致不同的消费行为。比如，同样是为了满足求美的心理动机，有的消费者会通过购买时髦的衣物、饰品来获得满足，而有的人会通过医疗美容来获得满足。

第三，同一行为可以出自不同的动机。表面上看，消费者的行为相同，但可能出自不同的购买动机。比如，在购房行为中，有的消费者是为了满足自住的需要，出于基本的求实动机，而有的消费者是通过购买更高档次的房产来提升生活品质。

第四，一种行为可能由多种动机推动。消费者的行为很复杂，在通常状况下，一种行为可能来自多种动机。例如，购买奢侈品牌箱包的消费者在要求产品方便使用的同时，还要求产品美观，同时品牌要知名，甚至有的还要求产品价格足够高。

第五，合理的动机可能引起不合理的甚至错误的行为，错误的动机有时被外表积极的行为所掩盖。我们常说的"好心办错事"就是这个意思。有了正确的动机，行为不一定就是正确的，反之亦然。这个过程受到消费者受教育程度、价值观、个性、情境等因素的影响。

三、购买动机的含义、特点和类型

购买动机是在消费需要的基础上产生的，它是引发消费者购买行为的直接原因和动力。相对于消费者需要而言，购买动机的作用更为明显，与消费行为的联系也更加密切。研究消费者购买动机可以为我们把握消费者购买行为的内在规律提供更为具体、更为有效的依据。

（一）购买动机的含义

动机这一概念是由美国心理学家伍德沃斯（Robert S. Woodworth）于1918年率先引入心理学的。他认为动机是决定行为的内在动力，是引起个体活动、维持已引起的活动，并促使活动向某一目标发展的内在推手。所谓消费者购买动机，即消费者为了满足自己一定的需要而做出购买行为的愿望或意念，购买动机是能够引起消费者购买某一产品或服务的内在动力。

（二）购买动机的特点

1. 购买动机的原发性

个体缺乏某种物品时，会产生对这种物品的需求，这种需求推动着个体去寻找满足需求的物品。也就是说，需求使个体产生动机，动机推动个体去采取行动。从个体动机产生的源头来看，动机具有原发性特点。对于消费者而言，其内在的消费需要促使其产生各种消费动机。

2. 购买动机的内隐性

个体的行为虽然是外显的，但是支配其行为的动机却是无法被人直接观察到的。消费者的消费动机只能通过其消费行为才能推断出来。比如，消费者入住了高档饭店，我们可以做出如下推断：首先，他有休息的生理性动机；其次，他可能有追求社会身份和地位、求尊重的动机。消费者的动机不是我们观察得到的，而是我们根据他的行为和所掌握的知识经验推断出来的。因此，动机具有内隐性。

3. 购买动机的实践性

动机是行为的内在原因，动机是为行为而存在的。通过个体的行为表现，我们得以窥见动机的踪影。通过动机与行为的这种关系，我们可以看出动机的实践性特征。动机的这种特征，是我们研究它的一个重要原因。了解消费者的购买动机，能够为预测和引导消费者的消费行为提供依据。

4. 购买动机的变化性

个体的动机不是固定不变的。动机的形成受到内在需要和外部环境两大方面因素的影响，当这两方面因素发生变化时，个体的动机会随之发生变化，因此我们可以说动机具有变化性。由于动机的这种特点，我们可以通过一些营销手段来影响消费者的消费动机，然后影响消费者的消费行为。

案例链接

大学生选购手机的动机

　　大学生选购手机的动机可能是多种多样的。手机是现代人生活必需品之一，大学生购买手机主要是为了满足日常通信、社交、娱乐等方面的需求。手机是现代社交的重要工具，大学生购买手机也可能是为了更好地与朋友、同学、家人保持联系，以及参与社交活动。手机作为一种科技产品，具有先进的技术和功能，大学生购买手机也可能是为了满足自己对科技的好奇心和追求。手机作为一种消费品，也是一种展示个性和品位的方式，大学生购买手机也可能是为了彰显自己的个性和独特的品位。手机也可以作为一种学习工具，大学生购买手机也可能是为了更好地学习和获取信息。大学生购买手机，有的注重手机的实用价值，如性能、价格、功能等，有的注重手机的品牌、外观和设计，会选择一些时尚、高端的品牌手机。

（三）购买动机的类型

🗂 课堂讨论

　　一项法国奢侈品的消费人群调查结果显示，女性消费者占比高达77.78％。2012—2018 年，中国为全球奢侈品消费贡献了超过一半的增长。展望未来，预计到 2025 年，这个比例将达到 65％。[①] 在奢侈品的购买上，化妆品的购买量独占鳌头，紧随其后的是香水、服装、手表，而珠宝首饰以及皮具也占据了不小的比重。请分析奢侈品品牌消费者的购买动机。

　　动机是激励消费者的行为朝一定目标迈进的一种内部运力。在任何时候，一个消费者都是受多种动机影响，而不是仅受一种动机影响，但消费者的动机在不同的时间是不同的。动机能对消费者形成不同程度的压力，也能够对消费者的行为施加不同的影响。

　　购买动机是消费者需要与其购买行为的中间环节，发挥着承前启后的中介作用。概括来说，购买动机对购买行为有始发、导向和强化功能。始发功能是指购买动机能够驱使消费者产生行动。导向功能是指购买动机促使购买行动朝既定的方向和预定的

---

　　① 数据来源：https://www.mckinsey.com.cn/wp-content/uploads/2019/04/McKinsey-China-Luxury-Report- 2019-Chinese. pdf。

目标进行，具有明确的指向性。强化功能是指消费行为的结果对动机有着巨大的影响：动机会因良好的消费行为结果而使消费行为重复出现，使消费行为得到加强；动机也会因不好的消费行为结果而使消费行为受到削弱、减少，甚至不再出现。这两种作用都是强化作用，前者叫正强化，后者叫负强化。正强化能够肯定行为，鼓励行为，加强行为；负强化则可以削弱行为，惩罚行为，否定行为。

具体来说，常见的消费者购买动机有以下几种。

1. 求实动机

它是指消费者以追求产品或服务的使用价值为主导倾向的购买动机。在这种动机支配下，消费者在选购产品时，特别重视产品的质量、功效，要求一分钱一分货，相对而言，消费者对产品的象征意义、所显示的"个性"、产品的造型与款式等不是特别在意。

2. 求新动机

它是指消费者以追求产品、服务的时尚、新颖、奇特为主导倾向的购买动机。在这种动机支配下，消费者选择产品时，特别注重产品的款式、色泽、流行性、独特性与新颖性，相对而言，产品的耐用性、价格等成为次要的考虑因素。一般而言，在收入水平比较高的人群以及青年群体中，求新的购买动机比较常见。

3. 求美动机

它是指消费者以追求产品欣赏价值和艺术价值为主要倾向的购买动机。在这种动机支配下，消费者选购产品时特别重视产品的颜色、造型、外观、包装等因素，讲究产品的造型美、装潢美和艺术美。求美动机的核心是讲求赏心悦目，注重产品的美化作用和美化效果，它在受教育程度较高的群体以及从事文化、教育等工作的人群中比较常见。

4. 求名动机

它是指消费者追求名牌、高档产品，借以显示或提高自己的身份和地位而形成的购买动机。当前，在一些高收入阶层中，求名动机比较明显。求名动机形成的原因相当复杂。购买名牌产品，除了有显示身份、地位、富有和表现自我等作用以外，还隐含着减少购买风险、简化决策程序和节省购买时间等多方面的考虑因素。

5. 求廉动机

它是指消费者以追求产品、服务的价格低廉为主导倾向的购买动机。在求廉动机的驱使下，消费者选择产品时以价格为第一考虑因素。他们宁肯多花体力和精力，多方面了解和比较产品的价格差异，选择价格便宜的产品。相对而言，持求廉动机的消费者对产品质量、花色、款式、包装和品牌等不是十分挑剔，而对降价、折扣等促销活动有较大兴趣。

6. 求便动机

它是指消费者以追求产品购买和使用过程中的省时和便利为主导倾向的购买动

机。在求便动机支配下，消费者对时间和效率特别重视，对产品本身则不太挑剔。他们特别关心是否能快速、方便地买到产品，讨厌过长的采购时间和过低的销售效率，对购买的产品要求携带方便，便于使用和维修。一般而言，成就感比较高、时间机会成本比较大、时间观念比较强的人，更倾向于持有求便的购买动机。

7. 模仿动机

它是指消费者在购买产品时自觉或不自觉地模仿他人的购买行为而形成的购买动机。模仿是一种很普遍的社会现象，其形成的原因多种多样：有出于仰慕、钦羡和获得认同而产生的模仿，有由于惧怕风险、保守而产生的模仿，也有由于缺乏主见，随大流或随波逐流而产生的模仿。不管何种原因，持模仿动机的消费者，其购买行为受他人影响比较大。一般而言，普通消费者的模仿对象多是社会名流或其所崇拜、仰慕的偶像。电视广告中经常出现某些歌星、影星、体育明星使用某种产品的画面，目的之一就是刺激受众的模仿动机，促进产品销售。

8. 好癖动机

它是指消费者以满足个人特殊兴趣、爱好为主导倾向的购买动机。其核心是满足某种嗜好、情趣。具有这种动机的消费者，大多出于生活习惯或个人癖好而购买某些类型的产品。

9. 惠顾动机

它是指影响人们在习惯性地点购买产品的购买动机。某个购买者可能因为此动机在某一特殊产店购买产品，影响其选择该商店的因素包括产品的价格、服务态度、地理位置、信誉、产品的多样性甚至售货员的友善态度等。为了有效利用消费者的惠顾动机，市场营销人员应该设法了解为什么消费者习惯性地光顾一个商店，从而可以在销售组合中突出这些特点。

动机研究能帮助市场营销人员分析那些去买或不买他们产品的消费者的主要动机。和消费者需要一样，动机常常处于潜意识状态，是很难衡量的，所以市场营销人员需要努力去唤醒和激发消费者的购买动机，许多动机研究依靠专业的定性和定量手段，而不是简单地进行询问和观察。

案例链接

无形的会员卡

一位售卖蔬菜的店主印了一批名片大小的卡片，每张卡片上都盖了不同的日期章，但是这个日期都是2~3个月以后的日期。然后，店主将卡片发给周围的居民，并且告诉他们，只要在卡片上的这个日期来买菜，凭该卡片就可以免费领取 2 斤青菜。所有人都舍不得扔掉卡片。店主还说，如果没有到卡片上的日期，居民拿着卡片过来买菜，每次结账都可以打 8 折，这个卡片相当于会员卡了。实际上，很多人都等不到那个日期，就拿着卡片去买菜了，店主不动声色地就让居民变成了他的会员。居民拿到卡片，但是要 2~3 个月以后才能到店免费领取青菜，这给居民制造了麻烦，但是同时，卡片又提供了没到那个时间点之前的打折优惠的便利，这个方法值得我们借鉴和思考。

四、激发购买动机的营销策略

在了解消费者真实购买动机的基础上，企业制订相应的营销策略，可以提高产品销量，提升企业效益。市场营销人员必须善于发现某种产品所能满足的消费者的动机和需求，围绕这些动机去制订营销策略。

（一）发现消费者的购买动机

消费者并不是在购买产品，而是使需要得到满足或使问题得到解决。例如，当消费者购买香水类产品时，他们是在购买氛围、希望和使自己感到特别的感觉；当消费者购买一套名牌时装时，他会告诉别人"它很流行""它看起来很适合我""它质地不错"等，但也存在一些他不愿意承认或未意识到的动机，如"它能显示我的富有和成功""它使我显得更年轻、更有魅力""它使我更有自信"等，这说明行为和动机之间存在有意识的公开承认的关系和无意识或不愿承认的关系。

因此，企业所做的产品传播活动必须与消费者的购买动机一致，要充分挖掘消费者的隐性动机。

营销的首要任务是确定影响目标市场的动机组合。显性动机可以通过直接询问的方法确定。对于这种动机，直接诉求类广告的吸引力更为有效，如"怕上火，喝王老吉"。而确定隐性动机则较复杂，可以通过一些动机研究技巧（如投射技术等）来确定。对于隐性动机，间接诉求类广告的吸引力更为有效，如"钻石恒久远，一颗永留传"。

（二）制订基于多种动机的营销策略

一旦找到影响目标市场的动机组合，企业就要围绕相应的动机制订营销策略。在现实生活中，消费者购买行为往往是在多个动机的共同驱使下进行的，是有意识的动机和无意识的动机总和的结果。

动机总和一般分为以下两种情况。一种情况是几种动机共同作用于购买行为，多种动机累加，使购买动机得到强化，推动消费者产生更为强大的购买需要，从而更容易实现购买行为；另一种情况是，在多种动机中，有的动机促进购买行为，有的动机阻碍购买行为，即存在方向相反、相互抵触的动机，这时动机总和不是所有动机的累加，而是相互抵消，但只要相抵后不为零，就说明动机还是有的。如果促进购买行为的因素之和大于阻碍购买行为的因素之和，就会推动购买行为的发生；如果促进购买行为的因素之和小于阻碍购买行为的因素之和，就会阻碍购买行为的发生；如果动机总和处于平衡状态，可能使消费者徘徊于买与不买之间，这时就需要外界的助力，市场营销人员要想方设法地刺激消费者的购买动机，削弱各种阻碍购买行为因素的力量，使消费者向产生购买行为的方向倾斜。

如果存在的多种购买动机都很重要，产品就必须具备不止一种功能，那么广告也必须向消费者传递多重利益。通常，显性动机是消费者觉察的或者愿意讨论的，广告可以直接迎合消费者追求的产品质量、产品功能等显性动机，一般显性利益较易传达。隐性动机一般是消费者不愿承认的，需要市场营销人员采用间接的沟通方式，产品广告最好采用双重诉求方式，直接诉求侧重于产品品质，间接诉求则集中于消费者所追求的地位、理念和个性等。

案例链接

红牛从"小众"到"大众"的转变

20世纪90年代末，"渴了喝红牛，困了累了更要喝红牛"使红牛饮料快速走红，这句家喻户晓的广告语留下的深刻印记和红牛饮料一起陪伴中国消费者成长了几十年，红牛因此开创了中国功能性饮料品类的先河，功能性饮料细分市场占有率一度超过70％。

功能性饮料是一个小众市场。红牛发现功能性饮料的市场定位成为自己进一步发展的"紧箍咒"，虽然在功能性饮料市场花了非常多的心思培育消费者，也确实占有了市场的绝对份额，但是如果跳出这个圈子，放眼望去，这个细分领域的"大王"还是没法与那些大众饮料品牌相比。

红牛选择了主动出击，迈出了从功能性饮料的小众市场向大众消费市场转变的步伐。2013年，红牛饮料的广告语从"渴了喝红牛，困了累了更要喝红牛"变为"你的能量，超乎你想象"。红牛饮料借助这个广告语，希望从功能性定位完成向精神诉求的转变，从以往定位的汽车司机、经常熬夜的人和运动爱好者等比较狭窄的消费人群，进而覆盖所有需要补充能量、追逐梦想的人群。营销的主题逐渐跳出了其比较擅长、专注的运动赛事，进入更为广阔的领域，比如赞助音乐会、舞蹈节目、电影等。

本章小结

市场营销学中的消费者需要指的是在一定时间内有支付能力的市场需求。从消费者个人的角度来讲，消费者需要反映消费者某种生理或心理体验的缺乏状态，并直接表现为消费者对获取以产品或服务形式存在的消费对象的需求和欲望。消费者需要的特征表现为多样性、发展性、周期性、伸缩性和可诱导性等。

根据心理学家马斯洛的需要层次理论，人类的需要按从低级到高级的顺序，可以分为五个层次：生理需要、安全需要、社交需要、尊重需要、自我实现需要。

消费者购买动机，即消费者为了满足自己一定的需要而做出购买行为的愿望或意念，购买动机是能够引起消费者购买某一产品或服务的内在动力。购买动机具有原发性、内隐性、实践性、变化性等特点。

需要是动机和行为的基础，人们产生某种需要后，当满足这种需要的某种特定目标出现时，需要就会引发动机，进而成为引起人们行为的直接原因。市场营销人员必须善于发现某种产品所能满足的消费者的动机和需求，围绕这些动机去制订能激发消费者购买动机的营销策略。

复习与思考

一、简答题

1. 什么是消费者需要？消费者需要有哪些特征？
2. 消费者需要有哪些类型？
3. 什么是购买动机？购买动机的特点有哪些？
4. 简述消费者需要、动机和行为的关系。
5. 简述激发购买动机的营销策略。

二、案例分析

电影院的爆米花经济

"看电影吃爆米花"兴起于 20 世纪 30 年代 "大萧条" 时期的美国，随后风靡全球。在经济萧条时期，小小的爆米花甚至拯救了许多濒临倒闭的电影院，从此，"看电影吃爆米花"就成为影院的普遍现象并流传至今。2014 年，万达院线票房收入 41.05 亿元，毛利率 19.58%；包括爆米花在内的产品销售 6.31 亿元，毛利率 68.85，爆米花利润高达 72%。2017 年，万达电影爆米花等非票房收益占比达 39%。2017 年，横店影视营业收入 25.18 亿元，净利润 3.31 亿元；以爆米花等零食、饮料等为主的产品收入 2.47 亿元，利润达 1.86 亿元。电影院里的浓浓的爆米花香味令人垂涎欲滴，许多人看电影时总是手拿着一桶爆米花。在那些喜欢电影和爆米花的人群中，不管是否真正感到饥饿，他们都会不自觉地选择购买爆米花，购买一桶爆米花受到条件反射、情感需求和文化影响等多种因素的影响。爆米花的香味和电影的情境被联系在一起，形成了两者之间的条件反射，人们在观影时总是不自觉地购买爆米花。情感和情绪状态影响爆米花的购买决策，看电影吃爆米花成为情感调节的方式，可以缓解紧张情绪，让人感受到更多愉悦。情感因素也在购买爆米花决策中发挥作用，更能让人在电影院中寻求到满足感和愉悦感。

　　资料来源：《万达院线生意经：爆米花等商品毛利高达 68.85%》（https：//finance. sina. com. cn/chanjing/gsnews/20150422/075322016374. shtml），有改动。

讨论：你去电影院看电影时会买爆米花吗？如果买，需求是什么？动机是什么呢？

三、项目实训

1. 实训目标
（1）运用需要、动机理论分析消费者行为。
（2）体会需要、动机理论对消费行为的指导意义。
2. 实训要求
（1）写一份某一类产品的推销方案并论证它的可行性。
（2）实地推销某一类产品，如小家电、护肤品。
3. 实训内容
　　选择推销某一类产品，如小家电、护肤品。要求：根据马斯洛的需要层次理论来说明这种产品可以满足消费者的哪个层次的需要；激发推销对象的购买动机并使之变成行动；写一份推销方案，方案要包含以上内容，并论证它的可行性；实地推销商品。
4. 实训成果及考核要求
（1）为你即将推销的产品写一份推销方案并论证它的可行性。
（2）教师审核推销方案。
（3）学生进行采购和广告宣传，实地推销。
（4）总结成功或失败的原因，形成分析报告并上交。

第三章　消费者的心理活动过程

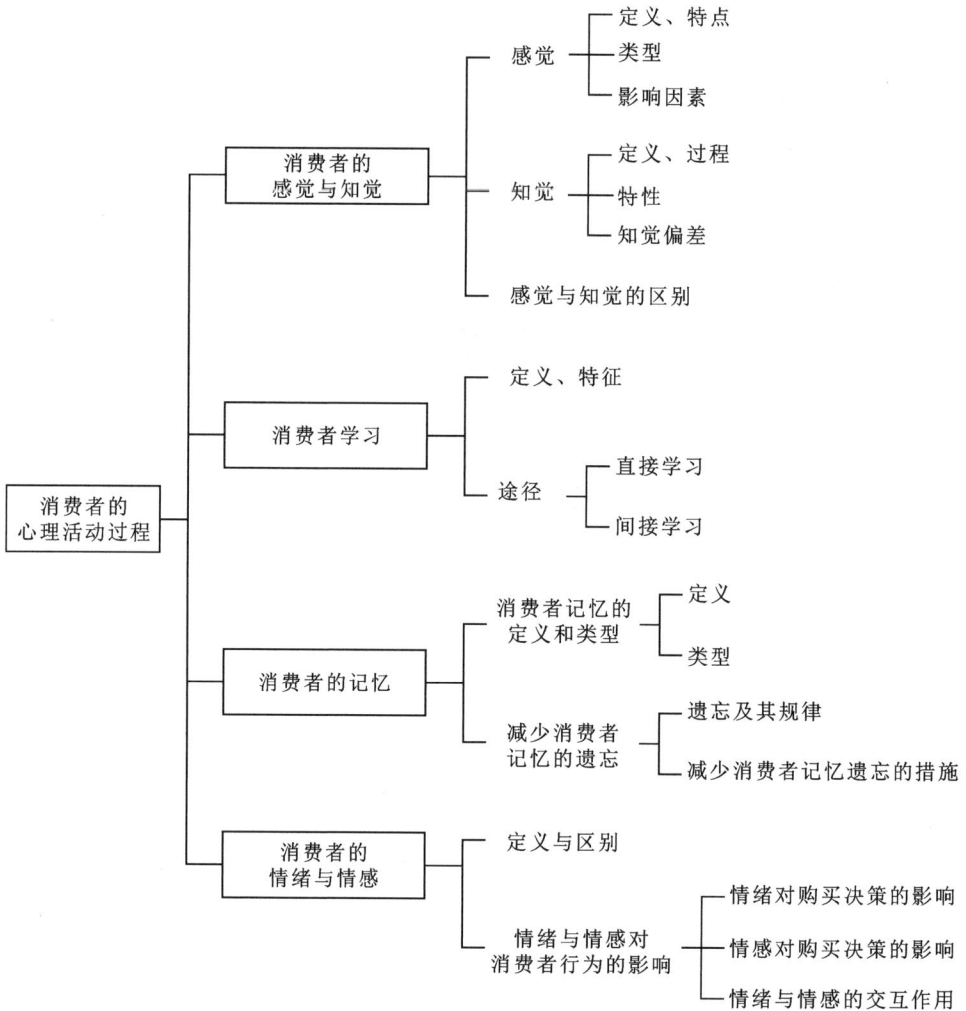

知识目标

- 理解感觉的定义、特点和类型，了解影响感觉的因素。
- 掌握知觉的定义、过程、特性以及常见的知觉偏差。
- 明确感觉与知觉的区别，理解它们在消费者行为中的作用。
- 了解学习的定义和特征，熟悉直接学习和间接学习。
- 认识记忆的类型，掌握减少记忆遗忘的方法。
- 理解情绪与情感的定义和区别，了解它们对购买决策的影响。

能力目标

- 能够运用感觉与知觉的知识分析消费者的行为和决策。
- 学会运用有效的学习途径，提升消费者的学习效果。
- 能够运用记忆的原理和方法，提高消费者的记忆能力。
- 能够理解和应对消费者的情绪与情感，制订合适的营销策略。

素养目标

- 培养对消费者行为的敏锐的观察能力和分析能力。
- 加强对消费者学习和记忆的理解，提升营销沟通的效果。
- 培养关注消费者情绪与情感的意识，提升服务质量和消费者体验。
- 培养基于消费者心理的创新思维，提升解决实际问题的能力。

情境导入

小李是如何挑选手机的

小李是一位年轻的消费者，他正在考虑购买一款手机。他走进了一家手机店，面对众多品牌和型号的手机，他开始了自己的购买决策过程。

小李通过观察手机的外观、触感和屏幕显示等感官信息，对不同手机产生了初步的感觉。他注意到某些手机的颜色、形状和材质等特点，这些感觉影响了他对手机的兴趣。

在之前的使用经验中，小李对某些品牌的手机有一定的了解。他通过间接学习，如朋友的推荐和网络上的评价，对一些手机品牌形成了一定的认知。

　　小李努力回忆自己之前使用手机的经历，以及对不同品牌的印象。他意识到自己容易遗忘一些细节，所以他决定用笔记下重要的信息，以帮助自己做出更好的决策。

　　在挑选手机的过程中，小李对一款特定手机的功能和设计产生了积极的情感，这使得他更倾向于选择该款手机。

　　同学们可以思考以下问题。

　　小李的感觉如何影响他对不同手机的看法和选择？

　　他的间接学习经验对购买决策有什么影响？

　　如何利用记忆技巧来帮助小李更好地记住手机的特点和优势？

　　情绪和情感在小李的购买决策中起到了什么作用？

第一节　消费者的感觉与知觉

一、消费者的感觉

　　在消费者行为中，感觉是消费者对产品、服务或营销刺激的直接感知与反应。感觉可以影响消费者的购买决策、品牌认知及消费体验。笔者在此将探讨感觉的定义及特点、感觉的类型、感觉的影响因素，并分析它们在消费者行为中的作用。

（一）感觉的定义及特点

　　感觉是人的感官受到外界刺激后所产生的直接反应。它具有以下特点。

1. 客观性

　　感觉是基于客观存在的刺激而产生的，不受个人主观意愿的影响。一个物体的颜色、形状等都是客观存在的，我们的感觉是对这些客观刺激的反应。

2. 直接性

　　感觉是对刺激的直接感知，不需要经过思考和推理。例如，我们看到一个黄色的橘子，不需要思考就能直接感知到它的颜色。

3. 瞬间性

　　感觉的产生是瞬间的，当刺激消失的时候，感觉也会随之消失。例如，我们听到爆竹声响，声音瞬间传入耳朵，然后很快消失。

4. 适应性

　　人的感觉器官会对持续存在的刺激逐渐适应，使感觉的敏感性下降。例如，我们在一个有异味的房间里待久了，可能会逐渐适应异味，感觉异味不像我们刚进入房间时那么强烈。

5. 局限性

感觉只能反映刺激的个别属性，但不能反映刺激的整体属性和本质。例如，人能看到一个物体的颜色，但不能仅通过颜色就了解物体的全貌。

感觉是人认识世界的基础，它使人能够及时感知周围环境的变化，并对这些信息进行初步的加工与处理。然而，感觉提供的信息是有限的，人需要进一步的知觉与思维加工才能形成对事物的完整认识。了解感觉的特点对于理解消费者的行为与决策过程具有重要意义。企业可以通过合理利用感觉的特点，如设计吸引人的产品外观、营造独特的购物环境等，来影响消费者的感觉及购买行为。

（二）感觉的类型

在消费者行为分析中，了解不同类型的感觉及其作用是非常重要的。本部分内容将详细介绍视觉、听觉、触觉、嗅觉和味觉这五种主要感觉，并探讨它们在消费者行为中产生的具体影响。

1. 视觉

视觉是人最主要的感觉之一，它对消费者的产品选择及购买决策起关键作用。

（1）产品外观

吸引人的产品包装、颜色和设计等可以吸引消费者的注意力，激发他们的兴趣。

（2）广告和营销材料

图像、文字排版、视频等视觉元素可以传达产品信息，影响消费者的态度。

（3）品牌形象

统一的优质品牌视觉形象有助于消费者建立起对品牌的认知。

2. 听觉

听觉可以通过声音及其质量来影响消费者的感知和体验。

（1）声音品牌

独特的品牌声音标识，如主题曲或广告音效，可以增强品牌的可识别性。

（2）产品声音特征

例如，汽车电子设备的音效或引擎声音可以影响消费者对产品质量的判断。

（3）背景音乐

在商店或者广告中使用合适的背景音乐可以营造特定的氛围，影响消费者的情绪与购买意愿。

3. 触觉

触觉与产品的质感与手感直接相关，它可以影响消费者对产品的质量和价值的感知。

（1）产品材质

柔软、光滑或者粗糙的材质触感可以传达不同的产品特性和质量感。

（2）手持设备

平板电脑、手机等手持设备的触感设计对于用户体验有重要作用。

（3）产品试用

让消费者亲自触摸和感受产品可以增强其对产品的接受度和购买意愿。

4. 嗅觉

嗅觉能够唤起消费者的情感与记忆，对消费者的购买决策产生影响。例如，消费者的嗅觉对于食品和化妆品的选择与评价至关重要，水果店中新鲜的果香能够提升消费者的购买欲望，售卖化妆品的高档商场中一般弥漫着宜人的香水味道。再如，企业在品牌产品中使用特定的香味可以营造独特的氛围，提升消费者的情感体验。

5. 味觉

味觉在食品和饮料消费中扮演着关键角色。

（1）口味偏好

消费者对于不同的口味有着不同的个人偏好，这会影响他们对食品和饮料的选择。

（2）新品尝试

企业可以推出新产品和新口味，吸引消费者尝试，满足他们对新体验的需求。

（3）食品质量

好的味觉体验可以提升消费者对产品质量的评价与满意度。

综合来讲，这五种感觉在消费者行为中相互作用，共同影响着消费者的购买决策。企业可以通过针对性地设计产品、包装、广告和营销策略，充分利用这些感觉来吸引和满足消费者的需求。同时，消费者也可以通过关注自己的感觉体验，更好地理解自己的消费行为与偏好。

需要注意的是，不同消费者对于感觉的敏感度及重视程度可能有所差异，因此在实际应用中，企业需要进行市场调研，考虑消费者的个体差异。此外，随着技术的发展，虚拟现实、增强现实等技术也为创造更丰富的感觉体验提供了新的机会与挑战。

课堂讨论

请你想一想，除了视觉、听觉、触觉、嗅觉和味觉这五种主要感觉外，还有哪些感觉会影响我们的消费行为？

（三）感觉的影响因素

感觉的影响因素包括刺激的强度、对比度、新颖性。

1. 刺激的强度

刺激的强度是指刺激的物理能量或强度。较强的刺激往往更容易引起消费者的注意与感知。例如，强烈的色彩、巨大的声音、明亮的灯光等都可能吸引消费者的注意力。在市场营销活动中，企业可以利用高强度的刺激来吸引消费者的关注，例如在广告中使用鲜明的色彩、响亮的口号或夸张的图像等。

然而，刺激的强度并非越高越好。过度强烈的刺激可能导致消费者的反感或不适。例如，过于刺眼的灯光或过高的音量可能会让消费者感到不适，反而对产品或品牌产生负面影响。因此，在设计营销刺激时，企业需要根据目标消费者的特点和环境来适度调整刺激的强度，以达到最佳的营销效果。

2. 刺激的对比度

刺激的对比度是指刺激与周围环境或与其他刺激之间的差异程度。对比度较高的刺激更容易被感知及区分。例如，在广告设计中，使用与背景形成鲜明对比的颜色或者图像可以使产品或信息更加突出。对比度还可以用来营造独特的品牌形象，使其与竞争对手区分开来。

此外，对比度也可以影响消费者对产品的评价。如果产品在某些方面与竞争对手形成明显的对比，例如价格、质量或功能等，消费者可能更容易注意到这些差异，并做出购买决策。因此，企业可以通过强调产品的独特卖点及其与竞争对手的对比来吸引消费者。

3. 刺激的新颖性

刺激的新颖性是指刺激的新奇性与独特性。新颖的刺激往往能够激发消费者的兴趣和好奇心。在竞争激烈的市场中，新颖的产品设计、创新的营销策略或者独特的品牌形象都可以吸引消费者的关注。新颖性可以使企业产品脱颖而出，与传统的竞争对手区别开来。然而，新颖性也需要与消费者的需求与偏好相结合。如果新颖的刺激与消费者的价值观或生活方式不相符，可能无法引起他们的共鸣。此外，消费者需要时间和精力来接受新颖的事物。因此，企业在追求新颖性的同时，还需要考虑消费者的接受能力和市场的实际情况。

感觉的影响因素在消费者行为中的作用表现在如下方面。一是吸引消费者的注意力。强度、对比度和新颖性较高的刺激更容易吸引消费者的注意力，使他们关注产品、品牌。二是使消费者产生兴趣和好奇心。新颖的刺激可以激发消费者的兴趣和好奇心，促使他们进一步了解产品或品牌。三是影响消费者对产品的评价。刺激的特征可以影响消费者对产品的质量、价值及适用性的评价。四是塑造品牌形象。通过独特的刺激，企业可以塑造独特的品牌形象，与消费者建立起情感连接。五是影响消费者的购买决策。在综合考虑刺激的各种影响因素后，消费者可能做出购买决策，选择他们感觉更吸引人的产品。

综上所述，刺激的强度、对比度和新颖性等因素会对消费者的感觉产生重要影响。企业可以通过合理运用这些因素来展示产品和设计营销策略，吸引消费者的注意力，激发他们的兴趣和购买欲望。然而，在运用这些因素时，企业需要考虑消费者的需求、偏好和市场环境，确保刺激的效果与消费者的行为和反应一致。了解和把握这些因素对于企业在市场竞争中发挥优势具有重要意义。

二、消费者的知觉

（一）消费者知觉的定义与过程

消费者知觉是消费者对感觉信息进行组织和解释的心理过程。它涉及对外部刺激的选择、整合、解释和评价。在这个过程中，消费者会根据自身的需求、兴趣、经验和目标，有选择性地关注部分信息，忽略其他信息。接着，消费者会将所关注的信息进行组织与整合，形成对事物的整体认知。然后，他们会运用已有的知识和经验来解释这些信息，赋予其意义和价值。这一过程受到消费者的性格、文化、社会环境等因素的影响。最后，消费者会对知觉到的事物进行评价，并决定自己的态度与行为。

知觉的过程是动态且连续的，它不断地受到新的信息和环境的影响。对于企业和市场营销人员来说，了解消费者的知觉过程极其重要。

通过研究消费者如何感知产品、品牌及营销信息，企业可以更好地设计营销策略，以吸引消费者的注意力，影响他们的看法和决策。

（二）知觉的特性

知觉的特性包括整体性、选择性、理解性、恒常性。这些特性在消费者行为中起着重要作用。

1. 整体性

知觉的整体性是指人们在感知事物时，会将其作为一个整体而不是孤立的部分来认知。消费者在购买产品时，往往会根据整体印象来做出决策，而不仅仅是基于产品的某个单一特性。例如，品牌形象、产品外观、包装设计等都会影响消费者对产品的整体感知。

2. 选择性

知觉的选择性是指消费者会根据自己的需求、兴趣和经验，有选择性地关注和感知某些信息。在信息过载的市场环境中，消费者会筛选出与自己相关或者自己感兴趣的信息。企业需要了解消费者的需求及偏好，通过有针对性的营销策略来吸引他们的注意力。

3. 理解性

知觉的理解性是指消费者会根据自己的知识和经验，对感知到的信息进行解释和理解。不同的消费者可能对相同的信息有不同的理解与解释。因此，企业在传达信息时，需要考虑消费者的背景及知识水平，以确保信息能够被正确理解。

4. 恒常性

知觉的恒常性是指消费者在不同的条件下，对熟悉的事物的知觉保持相对稳定。即使环境发生变化，消费者对品牌、产品或服务的认知也会保持相对稳定。这意味着企业需要注重品牌形象的长期建设与维护，以建立消费者的信任感和忠诚度。

这些知觉特性对消费者行为的影响体现在如下方面。

一是购买决策。整体性和选择性能影响消费者对产品的评价和选择；理解性影响消费者对产品信息的解读和接受程度；恒常性影响消费者对品牌的长期认知与忠诚度。

二是品牌认知。整体性和恒常性有助于企业塑造独特的品牌形象，提高品牌识别度和消费者对品牌的认同感。

三是信息处理。选择性和理解性能影响消费者对营销信息的关注及理解，企业需要根据消费者的特点进行有效的信息传达。

四是消费者体验。整体性和理解性能影响消费者对产品使用和购买过程的感受，企业要重视为消费者提供优质体验。

了解知觉的特性对于企业制订营销策略、满足消费者需求都具有重要意义。企业可以通过优化产品包装、设计、广告宣传等，来迎合消费者的知觉特点，提升产品的吸引力与竞争力。

（三）消费者的知觉偏差

知觉偏差会影响消费者对产品、品牌及营销信息的感知，从而导致他们做出不同的购买决策。

1. 选择性注意偏差

消费者经常会选择性地关注与自己现有兴趣、需求和价值观相符的信息，而忽略其他信息。这可能导致他们对某些产品或品牌的特点、优势认识不全面。

2. 首因效应

人们在形成对某个事物的印象时，最初接收的信息往往会产生较大的影响。因此，产品或品牌的首次展示极其重要，它会在消费者心中留下深刻的印象。

3. 近因效应

近因效应使消费者更看重最近的信息，导致购买决策变化和品牌评价波动。这意味着市场营销人员需要持续提供有吸引力的信息，以保持消费者的兴趣。

4. 刻板印象

消费者基于过去的经验或社会观念，可能会对某些产品或品牌形成刻板的看法。这可能限制他们对新产品或不同品牌的接受度。

了解这些常见的知觉偏差对于市场营销人员来说至关重要。通过认识到这些偏差，市场营销人员可以更好地设计营销策略，以吸引消费者的注意力，影响他们的看法，并促使他们做出购买决策。例如，企业可以利用首因效应和近因效应，通过引人注目的广告和持续的市场推广来保持品牌的曝光率。同时，企业也要努力克服刻板印象对消费者的负面影响，提供充足的信息来改变他们的看法。

然而，对于消费者来说，意识到这些偏差也很重要，这能促使他们做出更加理性和明智的购买决策。消费者可以尝试主动寻找更多信息，避免被单一因素过度影响，思考自己的决策是否会受到知觉偏差的影响。

三、感觉与知觉的区别

感觉和知觉在消费者行为中扮演不同的角色，但又互相关联。

感觉是消费者对外部刺激的直接反应，是一种基本的生理机能。它包括视觉、听觉、触觉、嗅觉、味觉等。例如，消费者通过感觉来感知产品的外观、颜色、声音、质地、味道。

知觉则是在感觉的基础上，对信息进行加工、组织和解释的过程。它不仅仅是对单个感觉的简单相加，还涉及更高层次的认知处理。在消费者行为中，知觉影响他们对产品的整体评价和决策。

感觉与知觉的区别主要体现在以下几个方面。

一是侧重点不同。感觉主要关注刺激的个别特征，而知觉更强调对整体刺激的理解与认识。

二是深度和复杂性不同。知觉比感觉更深入和复杂，它考虑了多个感觉信息之间的关系，并结合了消费者过去的经验、期望与动机。

三是对消费者决策的影响不同。感觉在瞬间产生，而知觉的形成则需要时间。消费者可能在感觉的基础上对产品产生初步的兴趣，但知觉的综合评估会影响消费者最终的购买决策。

四是对品牌形象的影响不同。知觉有助于消费者形成对品牌的整体印象，包括品牌的价值观、信誉、个性等。

五是对营销策略的影响不同。企业不仅要关注产品的感官特征，而且要考虑如何通过营销手段影响消费者的知觉，使其对产品或品牌产生积极的看法。

六是存在个性化差异。不同消费者的知觉过程可能存在差异，这受到消费者个人背景、需求及偏好的影响。

例如，消费者可能因为产品的外观吸引（感觉）而注意到它，但在进一步的知觉过程中，消费者会考虑价格、质量、功能等因素。知觉还可能受到品牌推广、社会参照和消费者情绪的影响。

了解感觉与知觉的区别有助于企业更好地理解消费者的决策过程。在市场营销活动和产品设计中，企业可以针对性地利用感官刺激吸引消费者的注意力，并通过塑造积极的知觉来影响他们的购买行为。

知识拓展 3-1
中外知名品牌
标识背后的故事

第二节　消费者学习

一、消费者学习的定义和特征

消费者学习是指消费者通过获取信息、经验和观察，从而导致行为、态度或知识发生持久改变的过程。它是消费者在与环境的交互中不断适应和成长的方式。

消费者学习具有以下几个显著特征。

（一）动机和目标

消费者学习往往是由特定的动机与目标驱动的。他们有购买产品或服务的需求，并希望通过学习来满足这些需求。这种动机可以是解决问题、满足兴趣爱好、提升生活品质等。了解消费者的动机和目标是企业制订有效营销策略的关键。

（二）信息搜寻

在做出决策之前，消费者会主动搜寻相关信息。他们通过各种渠道，如社交媒体、朋友推荐等，收集产品的特点、价格和评价等信息。有效的信息传播对于吸引消费者的注意力至关重要。

（三）体验和参与

消费者不仅仅是信息的接收者，他们更倾向于通过亲身体验来学习。样品、试用品、实体店体验等方式可以让消费者更加直接地了解产品或服务，从而影响他们的购买决策。

（四）情感因素

情感在消费者学习中起着重要作用。消费者的情感反应，如信任、喜欢或者厌恶，都会影响他们对产品的看法和选择。口碑、品牌形象和社会认可等因素也会引发消费者的情感连接。

（五）社会影响

消费者受到周围人的意见和行为的影响。家庭成员、社交圈子和同龄人的推荐及示范作用在消费者学习过程中具有很大的影响力。企业利用社交媒体和口碑营销可以放大这种社会影响。

（六）反馈和评价

消费者在购买产品或服务后会根据自己的体验给出反馈及评价。积极的反馈可以提升消费者对品牌的忠诚度，而负面评价可能会导致消费者流失。及时回应消费者的反馈并改进产品或服务是企业与消费者建立良好关系的重要环节。

这六个特征相互作用，共同影响着消费者的学习和购买行为。企业和市场营销人员应该理解并针对这些特征制订相应的策略，提供有价值的产品或服务，以更好地满足消费者的需求。通过与消费者建立有效的沟通与互动，企业能够增强消费者的学习效果，提升品牌的认知度和竞争力。同时，企业也能不断改进和优化产品或服务，以满足消费者不断变化的需求和期望。

二、消费者学习的途径

消费者学习是指消费者通过各种方式获取信息、知识和经验，以做出购买决策和改变消费行为的过程。直接学习和间接学习是消费者学习的两个重要途径。

（一）直接学习

直接学习是指消费者通过亲身经历和实际操作来获取知识和技能。这种学习方式通常更加深刻和持久，这是因为消费者能够直接感受和体验产品或服务的特点和效果。

例如，消费者可以通过试用产品、观摩产品演示或亲自参与某种活动来获得直接学习的体验。在直接学习中，消费者能够更加真实地了解产品的质量、功能和适用性，因此直接学习能对消费者购买决策产生重要影响。

直接学习的优点在于它提供了第一手经验，使消费者能够形成自己的判断和看法。通过直接接触产品或服务，消费者可以获得直观的感受，对于产品的优点与不足有更清晰的认识。此外，直接学习还可以帮助消费者建立与产品的情感联系，增强购买的意愿及对品牌的忠诚度。

（二）间接学习

间接学习则是指消费者从外部来源获取信息和知识，不需要亲身经历。这种学习方式包括以下多种途径。

（1）社交媒体、在线评论

消费者可以通过产品评论网站、社交媒体平台等渠道了解其他消费者的使用体验和意见。他人的评价与推荐对于消费者的决策有重要的指导作用。

（2）广告和宣传

广告和宣传等营销传播手段可以向消费者传递产品信息和品牌形象。这些信息可以影响消费者对产品的认知与态度。

（3）口碑传播

同事、朋友和家人的推荐与意见也是消费者间接学习的重要来源。口头传播的力量往往很强大，因为人们更倾向于信任身边人的经验分享。

（4）消费者教育资料

产品说明书、指南、教程等消费者教育资料可以提供产品的详细信息及使用方法，帮助消费者更好地了解产品。

间接学习的优点是消费者能够快速获取大量信息，并且可以借鉴他人的经验及智慧。消费者可以通过各种渠道收集丰富的产品信息，从而在购买前做出更明智的决策。

然而，间接学习也存在一些局限性。信息的真实性与客观性可能受到影响，因为消费者无法直接验证所接收到的信息。此外，不同来源的信息可能存在差异，消费者需要进行筛选与判断。

消费者学习是一个持续的过程，直接学习和间接学习相互补充。消费者会根据自己的需求和情况选择不同的学习途径，并将所学内容应用于购买决策中。对于企业和市场营销人员来说，理解并满足消费者的学习需求，提供有价值的信息和体验，有助于提升产品的市场竞争力和消费者满意度。

第三节　消费者的记忆

一、消费者记忆的定义和类型

（一）消费者记忆的定义

消费者记忆是指消费者在过往的购买、使用和体验过程中，对品牌、产品、广告等信息的存储和检索能力。它是消费者对所接触到的各种信息进行编码、储存和提取的心理过程。

记忆在消费者行为中起着非常重要的作用。它影响着消费者对品牌的认知、购买决策以及后续的购买行为。

（二）消费者记忆的类型

1. 感知记忆

这是一种对外部刺激的瞬间记忆。例如，消费者在浏览众多产品时，可能会对某个产品独特的包装设计有短暂的印象。市场营销人员可以利用引人注目的广告及展示来吸引消费者的注意力，强化消费者的感知记忆。

2. 短期记忆

它能够在短时间内保留信息。比如，消费者在购物时记住产品的价格或促销信息。为了提升短期记忆效果，市场营销人员可以提供简洁明了的信息。

3. 长期记忆

长期记忆可以长时间存储信息。假如消费者对某品牌的产品有过良好的体验，他们可能会在未来的购买决策中记住该品牌。建立品牌形象、提供优质产品有助于消费者形成长期记忆。

4. 语义记忆

这种记忆涉及对一般知识和概念的记忆。消费者对产品的类别、特点和功能的了解属于语义记忆。市场营销人员可以通过教育性的宣传来加强语义记忆。

5. 情景记忆

它和与特定情景相关的记忆有关。例如，消费者可能会记得在某个特殊场合购买了某件产品。市场营销人员可以创造与此相关的情景来触发消费者的情景记忆。例如，一个广告通过展示一家人在海边快乐玩耍的场景，触发消费者关于美好假期与生活的情景记忆，从而使消费者与产品建立情感联系。

了解这些记忆类型对于营销和消费者行为分析非常重要，市场营销人员可以根据不同类型的记忆来制订营销策略，以提高消费者对产品和品牌的认知和忠诚度。例如，可以通过独特的品牌标识和引人注目的广告来引起消费者的感知记忆，提供简洁明了的产品信息以帮助消费者将关键信息转化为短期记忆，通过优质的产品、服务使消费者建立关于品牌的长期记忆。

二、减少消费者记忆的遗忘

（一）遗忘及其规律

在消费者行为分析中，了解遗忘及其规律是很有必要的。遗忘是指记忆信息随着时间的推移而逐渐消逝或丧失。研究表明，遗忘并不是一个均匀的过程，而是遵循一定的规律。

艾宾浩斯遗忘曲线（见图3-1）是描述遗忘规律的重要理论。它表明，人们在学习新信息后，遗忘的速度最初很快，然后逐渐减缓。这意味着如果企业不采取措施来强化记忆，消费者很容易在短时间内忘记企业希望他们记住的信息。

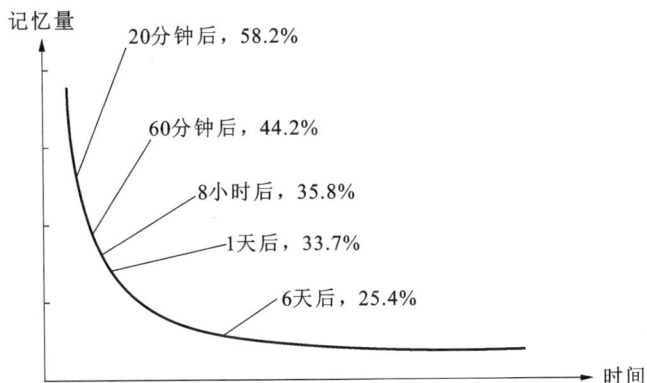

记忆量

20分钟后，58.2%

60分钟后，44.2%

8小时后，35.8%

1天后，33.7%

6天后，25.4%

时间

图3-1 艾宾浩斯遗忘曲线

例如，一家企业推出了一款新产品，并进行了大规模的广告宣传。在初始阶段，消费者可能对该产品有很强烈的兴趣并记住了相关信息。然而，随着时间的推移，如果消费者对该产品没有进一步的接触，他们对该产品的记忆可能会逐渐减弱。

（二）减少消费者记忆遗忘的措施

艾宾浩斯遗忘曲线表明，消费者在学习新信息后，遗忘的速度是先快后慢的。为了减少消费者记忆的遗忘，提高品牌和产品在消费者心目中的知名度与影响力，企业可以采取以下措施。

1. 及时复习，减少遗忘

新信息在最初的一段时间内最容易被遗忘。企业可以通过定期的广告宣传、邮件推送或社交媒体互动等方式，及时提醒消费者产品的存在。例如，某手机品牌在推出新机型后，会在短时间内进行密集的广告投放，以确保消费者对产品有深刻的印象。

2. 多样化呈现信息

使用多种方式呈现信息，帮助消费者更好地理解和记忆信息。例如，一家食品企业不仅通过广告宣传产品的特点，而且提供烹饪示范视频和食谱，使消费者更全面地了解产品。

3. 创造独特的品牌体验

消费者更容易对独特的、令人难忘的体验留下深刻记忆。例如，某酒店通过提供个性化的服务、独特的装饰和特别的活动，让消费者有与众不同的住宿体验，从而强化品牌记忆。

4. 与消费者建立情感联系

情感联系可以增强消费者对品牌的记忆。例如，某汽车品牌通过讲述品牌故事和强调其对社会责任的承诺，与消费者建立情感共鸣，使消费者更容易记住该品牌。

5. 利用社交媒体和用户生成内容

社交媒体上的用户分享和讨论可以延长信息的存在时间。企业可以鼓励消费者分享他们的使用体验，形成口碑传播效应。例如，某化妆品品牌发起用户晒单活动，让消费者主动分享使用心得，增加产品的曝光度。

总之，为了减少消费者记忆的遗忘，企业需要综合考虑遗忘规律和有效的记忆强化策略。通过创造有意义、引人注目且与消费者相关的体验，企业可以提高信息在消费者记忆中的持久性，从而影响消费者的购买决策及行为。

第四节　消费者的情绪与情感

一、消费者情绪和情感的定义与区别

消费者的情绪和情感是其在消费过程中体验到的心理状态。

（一）消费者情绪与情感的定义

情绪是对特定情境或刺激的即时反应，通常是短暂且强烈的。它可以是喜悦、恐惧、愤怒、悲伤等各种感受。消费者的情绪可能受到产品质量、服务态度、促销活动等多种因素的影响。

情感则是更持久、更深入的内心感受，与个人的价值观、信念和记忆有关。消费者情感可以是对品牌的喜爱、对某种产品的忠诚，或者对特定消费体验的满足。

（二）消费者情绪与情感的区别

消费者情绪更侧重于消费者当下的生理和心理反应，而消费者情感则体现了消费者对事物的长期态度及感受。情绪往往是外在刺激引起的直观反应，而情感则是在多次经历和认知加工后才形成的。

例如，消费者在购买产品时可能因为促销活动而感到兴奋（情绪），但对某个品牌的长期喜爱（情感）可能促使他们成为忠实客户。了解消费者的情绪和情感对于企业来说极其重要。它有助于企业更好地理解消费者的需求与动机，从而制订更有效的营销策略。

企业可以通过提供优质的产品、服务来激发消费者积极的情绪，同时通过建立品牌形象和情感连接来培育消费者的情感依恋。这样不仅能够提高消费者的满意度与忠诚度，而且能促进销售和品牌口碑的传播。

二、情绪与情感对消费者行为的影响

情绪和情感在消费者行为中起着至关重要的作用。它们可以直接影响消费者的购买决策，从而影响企业的销售和市场份额。

（一）情绪对购买决策的影响

1. 冲动购买

当消费者经历强烈的情绪，如兴奋或冲动时，他们可能会在没有充分考虑其他因素的情况下进行即兴购买。例如，在促销活动中，限时折扣可能引发消费者的兴奋情绪，导致他们迅速做出购买决定，而忽略了自己对产品的实际需求。

2. 偏好形成

积极的情绪体验会使消费者对产品或者品牌产生偏好。例如，某品牌的广告通过营造愉悦的氛围，让消费者在观看后对该品牌产生好感，从而在未来的购买中更倾向于选择它。

3. 信息处理

负面情绪可能会减少消费者对产品信息的关注及处理。例如，当消费者对某个产品有过不愉快的体验，他们可能会对相关信息产生抵触，这导致他们在做出购买决策时忽略产品的一些优点。

（二）情感对购买决策的影响

1. 品牌忠诚

消费者对品牌的情感依恋是企业培养消费者忠诚度的关键。例如，很多使用华为手机的消费者对该品牌具有深厚的情感，他们不仅会重复购买华为手机，而且会积极向他人推荐。

2. 价值感知

情感与产品的价值感知密切相关。消费者可能愿意为了获得某种情感体验而支付更高的价格。例如，豪华品牌汽车不仅提供了功能性价值，而且满足了消费者对身份认同和尊贵感的情感需求。

3. 口碑传播

积极的情感体验促使消费者自愿成为品牌的倡导者。例如，消费者在享受到优质的服务后，会通过口碑传播将这种积极的体验分享给其他人，从而影响他们的购买决策。

（三）情绪与情感的交互作用

情绪和情感常常相互影响。例如，消费者在使用某产品时产生了积极的情绪，这种情绪可能逐渐转化为对该品牌的情感。例如，一位消费者在尝试了一款新的护肤品后，感觉皮肤变得更加光滑细腻，这种愉悦的体验可能使其对该品牌产生喜爱和信任，进而成为其忠实用户。

知识拓展 3-2
年年得福

企业应该重视消费者的情绪和情感体验，通过营销策略和产品设计来激发消费者积极的情绪和情感，提高消费者的购买意愿和忠诚度。

本章小结

　　感觉是指个体通过感觉器官对外部刺激的直接反应。知觉是个体对感觉信息进行组织和解释的过程。感觉的特点包括客观性、直接性、瞬间性、适应性和局限性等；知觉的特性包括整体性、选择性、理解性和恒常性等。知觉偏差可能导致消费者对产品和服务的认知产生偏差。

　　消费者学习是指消费者通过经验获取知识和技能，并改变他们的行为的过程。直接学习途径包括亲身经历和实践，间接学习途径涉及社交媒体、在线评论、广告和宣传、口碑传播、消费者教育资料等。

　　记忆的类型包括感知记忆、短期记忆、长期记忆、语义记忆、情景记忆等。减少记忆遗忘的方法包括及时复习、减少遗忘，多样化呈现信息，创造独特的品牌体验，与消费者建立情感联系，利用社交媒体和用户生成内容。

　　情绪是个体对客观事物的主观体验，而情感则是更持久和深入的情绪体验。情绪与情感对消费者购买决策的影响包括激发购买动机、影响产品评价及购买意愿等。

复习与思考

一、简答题

1. 什么是感觉？它有哪些特点和类型？
2. 简述知觉的过程和特性。
3. 感觉与知觉有什么区别？
4. 什么是消费者学习？它有哪些特征和途径？
5. 记忆的类型有哪些？如何减少记忆遗忘？
6. 情绪与情感对消费者购买决策有何影响？

二、案例分析

新款手机

某品牌推出了一款新手机。这款手机具有以下特点：在外观设计方面，这款手机采用了时尚的外观设计，颜色鲜艳，线条流畅，给人以视觉上的吸引力；在功能特点方面，这款手机具备强大的拍照功能、高性能处理器和大容量电池。

一位消费者在看到这款手机的广告后，对其产生了兴趣。该消费者被手机的外观设计所吸引，对颜色和形状产生了直观的感受。他可能注意到手机的屏幕大小、摄像头位置等细节，这些感知因素影响了他对手机的初步印象。广告中的宣传语和形象可能激发了该消费者的积极情绪，例如兴奋、期待和喜爱。这些情绪可能促使他对该手机产生更浓厚的兴趣，并提升了购买的可能性。

在店铺中实际体验这款手机时，该消费者进一步感受了它的特点。他拿起手机，感受其重量和手感，以及操作屏幕时体验到触感和响应速度。这些实际的感知体验加深了他对手机的了解。销售人员的介绍和试用过程可能增强了消费者的积极情绪，例如满足感和信任感。如果体验良好，该消费者可能会对这款手机产生更强烈的情感联系。

讨论：根据案例内容，分析该款手机是如何影响消费者的感觉、知觉、学习、记忆、情绪与情感的。

三、项目实训

1. 实训目标：了解消费者的学习过程。
2. 实训要求：观察你身边的消费者学习行为。

3. 实训内容

（1）选择一个消费者，观察他在学习使用新产品或服务时的行为。

（2）记录他所采用的学习途径（直接学习或间接学习）。

（3）分析他在学习过程中遇到的困难和解决方法。

4. 实训成果及考核要求

（1）以报告的形式上交。

（2）详细描述所观察的消费者和产品或服务。

（3）对消费者学习过程进行分析和总结。

第四章　消费者的个性心理特征

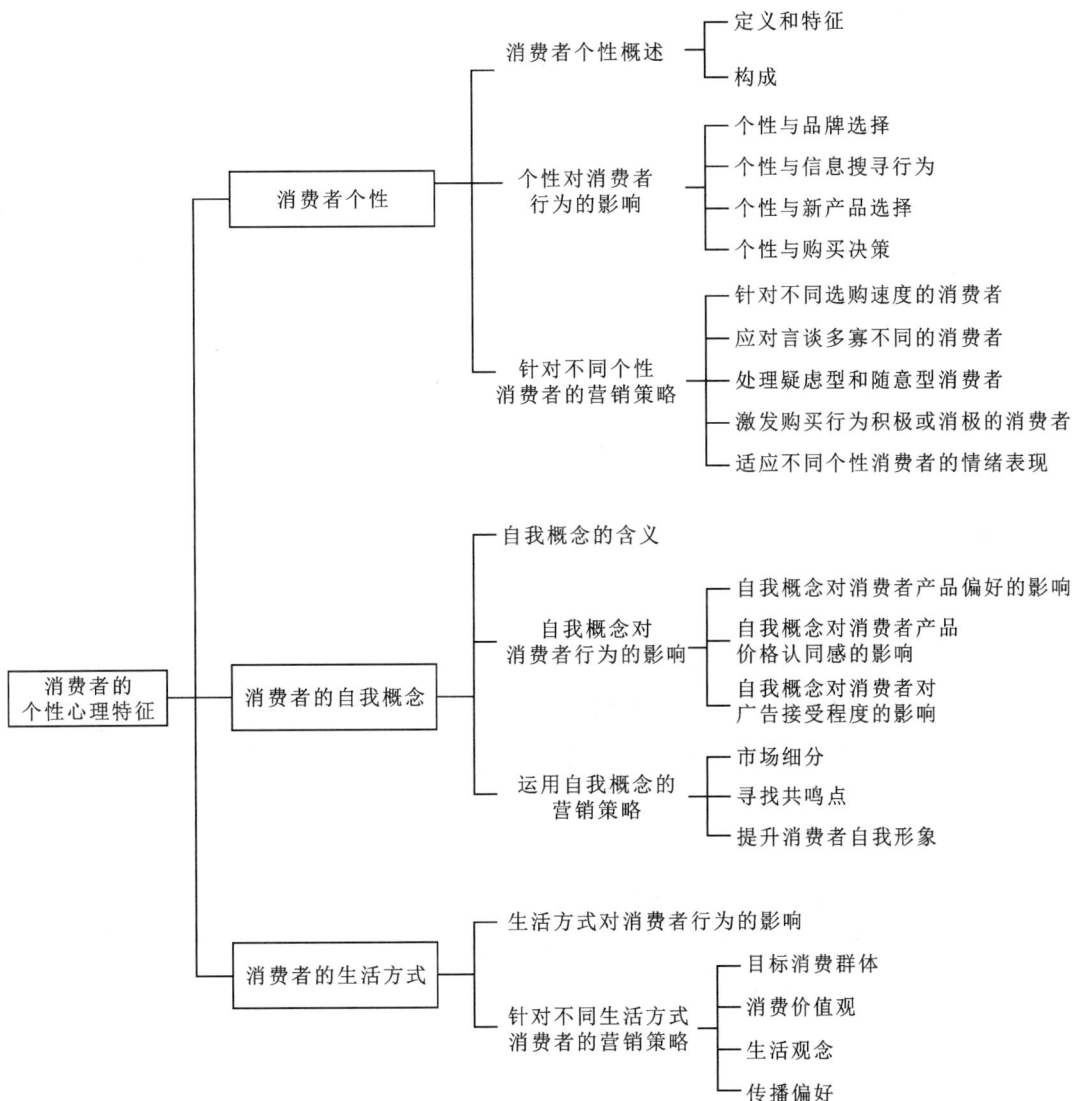

思维导图

消费者的个性心理特征
- 消费者个性
  - 消费者个性概述
    - 定义和特征
    - 构成
  - 个性对消费者行为的影响
    - 个性与品牌选择
    - 个性与信息搜寻行为
    - 个性与新产品选择
    - 个性与购买决策
  - 针对不同个性消费者的营销策略
    - 针对不同选购速度的消费者
    - 应对言谈多寡不同的消费者
    - 处理疑虑型和随意型消费者
    - 激发购买行为积极或消极的消费者
    - 适应不同个性消费者的情绪表现
- 消费者的自我概念
  - 自我概念的含义
  - 自我概念对消费者行为的影响
    - 自我概念对消费者产品偏好的影响
    - 自我概念对消费者产品价格认同感的影响
    - 自我概念对消费者对广告接受程度的影响
  - 运用自我概念的营销策略
    - 市场细分
    - 寻找共鸣点
    - 提升消费者自我形象
- 消费者的生活方式
  - 生活方式对消费者行为的影响
  - 针对不同生活方式消费者的营销策略
    - 目标消费群体
    - 消费价值观
    - 生活观念
    - 传播偏好

知识目标

· 了解消费者个性的含义及其构成。
· 了解消费者的自我概念对消费者行为的影响。
· 掌握运用自我概念进行营销的策略。
· 了解生活方式对消费者个性的影响。

能力目标

· 能够针对消费者的不同个性灵活运用营销策略。
· 能够依据消费者的自我概念进行营销。
· 能够针对消费者的不同生活方式采取相应的营销策略。

素养目标

· 培养辩证思维。
· 培养创新意识。

情境导入

开发智能手表前的市场调研

某家电商准备推出一款全新的智能手表。该手表可以连接手机，具备多种功能，如健康监测、消息提醒、运动记录等。为了更好地了解消费者的特征和需求，该电商决定进行市场调研。

该电商选择了一位年轻女性小明作为调研对象。小明是一位活跃的社交媒体用户，注重个人形象，对时尚潮流很有见地。她经常看时尚杂志、追星以及参加各种时尚活动。她是一个具有明显个性特征的消费者，追求独特性和时尚感。

小明对于智能手表的需求主要表现在两个方面：一方面，她希望手表具备健康功能，可以记录她的心率、睡眠情况等健康数据，帮助她保持良好的生活习惯；另一方面，她希望手表的外观设计精美，能够与她的个人形象相匹配，成为时尚的配饰。

基于小明的个性特征，电商团队决定在设计手表时注重以下几个方面：首先，手表的外观设计要时尚、独特，符合年轻女性消费者的品位；其次，手表的健康功能要强大且易于使用，以满足消费者对健康的需求；最后，手表的定价要合理，符合消费者的消费能力。

通过这个案例，我们知道，电商团队基于市场调研，了解了年轻女性消费者的个性特征，并据此调整产品设计和市场定位，以吸引更多类似小明这样的目标消费者。

第一节　消费者个性

个性，也被称为人格或个性心理特征，是指每个人独具一格的、与众不同的整体特质。这一特质并非凭空而来，而是在个体生理素质的基础上，通过外界环境的不断作用而逐步形成的。个性体现了个人在面对和适应环境时所展现出的独特、系统的反应方式。这一反应方式是由个人的遗传、环境、成长阶段以及学习经历等多种因素相互交织、共同作用而形成的。因此，个性具有相当强的稳定性，它不易受外界因素的影响而轻易改变，因此能成为每个人独特的标志。

一、消费者个性概述

（一）消费者个性的定义和特征

1. 消费者个性的定义

消费者个性是指消费者在消费过程中表现出来的稳定倾向性、稳定心理特征的总和。这些特征体现在消费者的气质、能力、性格等方面，并且对消费者的购买行为产生深远影响。

2. 消费者个性的特征

消费者个性具备以下特征。

（1）稳定性

消费者个性具有稳定性，即消费者经常表现出来的某种心理具有稳定不变的倾向。这种稳定性使得消费者的购买行为具有一定的可预测性，有助于企业制订长期的市场营销策略。

（2）整体性

消费者个性具有整体性，即消费者的各种心理倾向、心理特征以及心理过程错综复杂地相互制约、相互协调地联系在一起。这意味着消费者个性是一个复杂的系统。企业在理解和分析消费者个性时，需要综合考虑各种因素。

（3）独特性

消费者个性还具有独特性，即每个消费者所体现出来的个性心理特征都具有独特的个人倾向。这种独特性使得每个消费者的购买行为都有所不同，企业需要针对不同消费者的个性特征制订个性化的营销策略。

（4）倾向性和可塑性

消费者个性还具有倾向性和可塑性。倾向性是指消费者在实践活动中对于客观事物所持有的一定的看法、态度和感情倾向；可塑性则是指个体随着生活经历的变化而发生不同程度的变化，从而在不同的年龄阶段呈现出不同的个性特征。这意味着消费者的个性并不是一成不变的，企业需要根据市场变化和消费者需求的变化来调整营销策略。

（二）消费者个性的构成

1. 个性倾向性

个性倾向性是决定一个人对事物的态度和行为的内部动力系统，是个性中最活跃、最积极的因素。它主要包括需要、动机、兴趣、爱好、态度、理想、信仰、世界观和价值观等心理要素。个性倾向性体现了人对社会环境的态度和行为的积极特征，对消费者的心理和行为有着重要的影响。

个性倾向性中的各种成分是互相联系、互相影响和互相制约的。其中，需要是个性倾向性乃至整个个性积极性的源泉，只有在需要的推动下，个性才能形成和发展。动机、兴趣和信念等都是需要的表现形式。世界观处于最高指导地位，它指引和制约着人的思想倾向和整个心理面貌，它是人的言行的总动力和总动机。

个性倾向性是以人的需要为基础、以世界观为指导的动力系统，它较少受生理、遗传等先天因素的影响，主要是在后天的培养和社会化过程中形成的。研究个性倾向性对于理解个体的行为和心理特征，以及制订有效的市场营销策略具有重要意义。

2. 个性心理特征

个性心理特征是指个体在心理活动过程中经常表现出来的那些比较稳定的特点，主要包括能力、气质和性格。这些特征是个体在多种心理活动中所表现出来的带有稳定性的独特心理品质，集中地反映了人的心理面貌的独特性、个别性。

（1）气质

气质是人的个性心理特征之一，它是指在人的认识、情感、言语、行动中，心理活动发生时力量的强弱、变化的快慢和平衡程度等稳定的人格特征。气质是人的生理素质或身体特点反映出的人格特征，是形成人格的原始材料之一。根据古希腊医生希波克拉底的体液说，气质可以被分为四种类型：多血质、胆汁质、黏液质和抑郁质。气质是消费者个性特征之一，对消费者的购买行为起着重要影响。不同气质类型消费者的特征如表 4-1 所示。

知识拓展 4-1
名著人物的
气质类型

表 4-1　不同气质类型消费者的特征

气质类型	情感活动强度	情感发生速度	情感表现	情感平衡度	活动灵活度	情感行为特征	高级神经类型
多血质	强烈	迅速	明显	平衡	高	不稳定	活泼型
胆汁质	强烈	迅速	明显	不平衡	一般	易怒	兴奋型
黏液质	强烈	迟缓	不明显	平衡	低	冷酷	安静型
抑郁质	微弱	迟缓	不明显	一般	低	悲观	抑郁型

（2）性格

性格是一个人对现实的稳定的态度，以及与这种态度相应的、习惯化了的行为方式中表现出来的人格特征。性格一经形成便比较稳定，但是并非一成不变，而是具有可塑性。不同于气质，性格更多地体现了人格的社会属性，个体之间的人格差异的核心是性格的差异。

性格是一个人在生活过程中所形成的、对人对事的态度和通过行为方式表现出来的心理特长，既是生活态度，也是行为习惯。性格是一个复杂而多维度的概念，包括稳定性、可塑性、社会属性等多个方面。了解性格对于理解个体的行为和心理特征具有重要意义，同时也有助于企业针对不同消费者的性格特征制订更加精准的营销策略。

我们可以根据不同的标准对消费者的性格进行分类，如表 4-2 所示。

表 4-2　消费者的性格类型

消费者性格类型的分类标准	消费者类型
消费者心理活动的特点	理智型、意志型和情绪型
消费者心理活动的倾向性	内向型、外向型
消费者的态度	节俭型、自由型、顺应型、保守型
消费者的购买方式	习惯型、慎重型、挑剔型、被动型、冲动型

（3）能力

能力是指个体顺利完成某一活动所必需的心理条件，是个体在某一活动中表现出来的直接影响活动效率、使活动得以顺利完成的个性心理特征。消费者在选购产品时，必须具备一系列的能力，包括但不限于注意力、记忆力、分析能力、比较能力、检验能力、鉴别能力以及决策能力。然而，鉴于每个人的个人素养、社会实践经验以及文化教育背景的差异，消费者在这些能力上的表现也会存在显著的差别。因此，每位消费者在购物过程中的决策效率和准确性都会因其个人能力的不同而有所区别。

我们可以根据不同的标准对消费者的能力进行分类，如图 4-1 所示。

在购物过程中，那些能力较强的消费者通常会展现出更高的自信度。他们能够迅速对产品进行全面的评价，从而做出明智的购买决策。相反，能力相对较弱的消费者

图 4-1 消费者能力的分类

可能会表现出更多的犹豫和不确定性，缺乏明确的购买意愿和决策力。这显示了消费者个人能力对其购买行为的影响和重要性。

能力是直接影响活动效率，使活动得以顺利完成的个性心理特征。它总是和人完成一定的活动联系在一起，并且直接影响活动的效率。气质是心理活动表现在强度、速度、稳定性和灵活性等动力性质的心理特征。它是个性的重要组成部分，影响着人的情感、行为和认知等。性格是个性心理特征中最重要的方面之一，对个体的行为和心理活动产生着深远的影响。能力、气质和性格彼此紧密联系，有机结合，形成完整的个性心理特征，如图 4-2 所示。

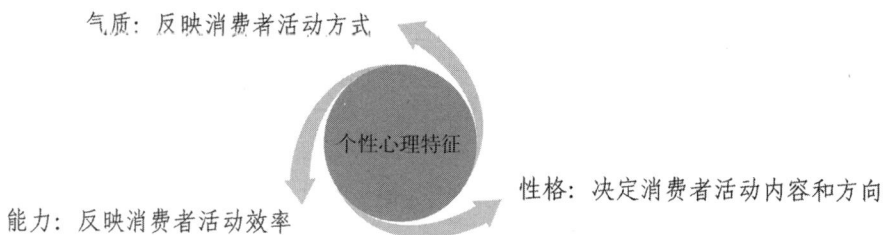

图 4-2 消费者的个性心理特征

3. 自我意识

自我意识也称自我，指的是个体对自己的各种身心状态的认识、体验和愿望。它具有目的性和能动性等特点，对人格的形成、发展起着调节、监控和矫正的作用。自我意识是人对自己身心状态及对自己同客观世界的关系的意识，具有意识性、社会性、能动性和同一性等特点。消费者的自我意识是指消费者对自己的身心状态、消费行为以及自身与消费环境之间关系的认识和体验，主要体现在自我认知、自我体验、自我调节等方面，如消费者在购买决策中会根据自己的预算、时间、精力等因素进行自我调节，以实现最优的消费选择。这种自我意识影响着消费者的购买决策、品牌选择、消费习惯等。

二、个性对消费者行为的影响

消费者个性与消费者行为之间存在密切关联，不同的个性特征对消费者行为产生不同的影响。在竞争激烈的市场中，企业需要深入了解消费者的个性特点，以便制订有针对性的营销策略。

（一）个性与品牌选择

消费者倾向于选择与自己个性相匹配的品牌。品牌个性反映了消费者对品牌的人格化认知。当品牌个性与消费者个性相契合时，品牌会更具有吸引力。

品牌个性在品牌形象中占据重要地位，有助于品牌与竞争对手区分开来，激发消费者的情感反应，进而促进购买行为。

（二）个性与信息搜寻行为

不同个性的消费者在搜寻信息时表现出不同的行为模式。求知欲强的消费者在信息搜寻时更为细致和深入，重视信息质量；而求知欲较弱的消费者则更容易受到广告等外部刺激的影响。

企业应根据消费者个性特征制订有效的信息投放策略，确保信息能够发挥最大效用。

（三）个性与新产品选择

消费者在接受新产品时存在差异。创新性强的消费者更可能成为新产品的率先采用者，而保守的消费者则可能成为落后采用者。

新产品的选择还受到消费者内在指向性和他人指向性的影响。内在指向性的消费者更依赖自己的价值标准来评价新产品，更可能成为新产品的购买者；而他人指向性的消费者则更依赖他人的指导，通常成为新产品的落后采用者。

企业应根据不同个性消费者的偏好制订广告策略，以更有效地吸引目标消费者。

（四）个性与购买决策

消费者个性的不同导致购买决策的差异。一些消费者能够迅速做出决策，而另一些则犹豫不决。理智型消费者通常在权衡利弊后做出决策，不易受外界影响；而情绪型消费者则更容易受外部诱因影响，做出冲动性购买决策。

了解消费者的个性特点有助于企业预测其购买行为，从而制订更有效的营销策略。

三、针对不同个性消费者的营销策略

为了使消费者能够愉快地完成购买行为，企业市场营销人员需要根据消费者的不同性格特征制订有效的营销策略。这些策略主要围绕以下五个方面展开。

（一）针对不同选购速度的消费者

对于慢性子的消费者，市场营销人员应保持耐心，避免显得不耐烦，给予他们足够的时间做出决策。而对于急性子的消费者，市场营销人员则需要及时提醒他们仔细挑选产品，以减少因冲动购买而产生的后悔情绪。

（二）应对言谈多寡不同的消费者

面对喜欢交谈的消费者，市场营销人员应保持热情，用纯业务性的语言与他们沟通，同时要注意控制交流的尺度。而对于沉默寡言的消费者，市场营销人员则需通过观察其面部表情和目光来推测其购买意图，用客观的语言介绍产品，并努力找到共同话题，以促进购买决策的完成。

（三）处理疑虑型和随意型消费者

对于疑虑型的消费者，市场营销人员应主动提供信息和建议，帮助他们做出决策。而对于随意型的消费者，市场营销人员则应给予他们足够的自由去观察和选择产品，仅在必要时提供客观的解释和介绍。

（四）激发购买行为积极或消极的消费者

对于购买行为积极的消费者，市场营销人员应积极配合他们的需求，协助他们快速做出决策。而对于购买行为消极的消费者，市场营销人员则需展现出热情、积极的态度，激发他们的购买热情，引导他们做出购买决策。

（五）适应不同个性消费者的情绪表现

在面对情绪容易激动的消费者时，市场营销人员应保持冷静，使用恰当的语言艺术，避免引发消费者更大的情绪波动。而对于情绪温和的消费者，市场营销人员则可以更加主动、热情地介绍产品，帮助他们选择适合自己的产品。

知识拓展 4-2
关于气质类型的
问卷调查

第二节　消费者的自我概念

一、自我概念的含义

自我概念是个体对自身一切的知觉、了解和感受的总和，包括自身身份、价值观、信念和期望等方面。它是个体自身体验和外部环境综合作用的结果，回答的是"我是谁"和"我是什么样的人"这类问题。

消费者的自我概念是指消费者对自身身份、价值观、信念和期望等方面的认知，是个体对自身一切的知觉、了解和感受的总和。这种自我概念会影响消费者的消费行为和决策。

个体知觉到的自我概念包含三个部分：实际自我、理想自我和应该自我。实际自我是指个体对自己实际状况的认知，理想自我是指个体对期望的自我状态的知觉，应该自我是指个体认为自己应该具备的特质和属性。自我概念还可以细分为独立型自我与依存型自我。独立型自我着重于个人的独特性、目标追求、个人成就以及个人意愿，它倾向于个人主义，强调与他人的差异性和自我管理能力。相反，依存型自我则更看重个人与家庭、社会团体、职业角色等的社会联系，倾向于利他主义、服务精神以及整体协同。

自我概念包括多个方面，具体内容可以因人而异。但一般来说，自我概念主要包括以下几个方面。

一是自我认知，即对自己的个性特征、能力、兴趣和价值观等方面进行认知。这涉及个体对自身特点和优点的认识和了解，以及对自己在社会中所扮演的角色的认知。

二是自我感觉，即对自己的身体形象、情感状态和心理状态等方面进行感知。这涉及个体对自己身体和外貌的感觉，以及对自己的情绪和心理健康的感知。

三是自我形象，即对自己的行为表现、外在形象和社会地位等方面的认知。这涉及个体对自己在社会中的形象和声誉的认知，以及对自己在他人眼中的看法和评价的感知。

四是自我期望，即对自己未来的期望和目标。这涉及个体对自己未来的规划和愿景，以及对自己能力和潜力的认知和信心。

五是自我价值，即对自己价值的认识和评估。这涉及个体对自己的价值感和自我认同感的认知和评估，以及对自己在社会中的价值和贡献的感知。

消费者的自我概念并非与生俱来，而是在社会生活中，通过与他人的交往、与环境的互动，以及对自己的行为进行反思逐渐形成的。这种自我概念是基于个人、他人或社会的评价而逐渐发展和完善的。同时，消费者的购买行为往往受到其自我概念的影响。在今天这个产品同质化的时代，消费者在做出购买决策时，更多地依赖产品与自我概念之间的关联度，而不仅仅是产品的物理特性。这一点在消费者行为中得到了体现。

大量实践表明，消费者在选择产品时，除了考虑质量、价格、实用性等因素外，还会将产品品牌特性是否符合自我概念作为重要的选择标准。他们会判断产品是否有助于塑造或强化他们期望的自我形象，以及他们希望他人如何看待自己。如果产品能够与消费者的自我印象或评价产生共鸣或相似，那么消费者就更可能倾向于购买该产品。

研究还发现，某些产品对消费者而言具有特殊的象征意义，它们能够向他人传递关于消费者自我概念的重要信息。这类产品与自我概念之间的关系可以通过"延伸自我"来解释。延伸自我是指消费者因为与产品之间建立了情感联系，而将其视为自我的一部分。贝尔克（Russell Belk）认为，延伸自我是由自我和所拥有的物品共同构成的。通常，那些对人们有特殊意义或人们珍视的物品，如纪念品、住房等，都可能成为延伸自我的一部分。人们往往根据自己所拥有的物品来定义自己，因为这些物品不仅是自我概念的外在表现，而且是自我身份的有机组成部分。

产品的形象性价值在消费者行为中占据重要地位，这主要体现在消费者的自我概念、参照群体以及对形象性价值产品的认同上。消费者倾向于选择那些能够反映自我一致性的产品，这些产品不仅满足消费者的实际需求，而且能传递出消费者的自我概念和个性特征。当消费者使用这些具有形象性价值的产品时，他们会将这些产品展示给参照群体，并期望群体成员能够理解和接受他们所传递的自我形象。参照群体在这个过程中扮演着重要角色。当群体成员体验到这些产品所传递的形象性价值时，他们可能会将这些价值视为自己人格或自我的一部分。这种体验不仅影响着他们对产品的看法，而且会进一步影响他们的购买决策。

这个过程对消费者的购买行为产生着持续的影响。当消费者看到参照群体对产品的积极反应时，他们会更加坚定自己的购买决策，并可能再次选择能够体现自我概念的产品。这种循环往复的过程反映了自我概念在消费者行为中的重要地位。产品的形象性价值与消费者自我概念的关系如图 4-3 所示。

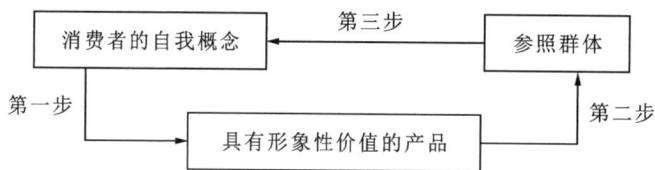

图 4-3　产品的形象性价值与消费者自我概念的关系

二、自我概念对消费者行为的影响

消费者的自我概念是塑造其行为的深层次个性因素，它通常与消费者的行为保持一致。自我概念在消费者的心理活动中占据核心地位，不仅影响着他们的消费心理，而且直接关系到他们的购买决策。它涵盖了消费者的理想追求和社会价值认同，并通过他们的产品偏好、价格认同以及对广告的接受程度等多种方式体现出来。

（一）自我概念对消费者产品偏好的影响

消费者在选择产品时，往往会根据自我概念来决定他们希望购买的产品。这是因为他们希望通过所购买的产品来展示自己的个性和价值观。例如，汽车、服装、食品、家具和手机等产品，它们的形象和价值往往与消费者的自我概念紧密相连。

（二）自我概念对消费者产品价格认同感的影响

产品的价格不仅仅是一个数字，它往往反映了消费者的社会经济地位。因此，消费者会根据他们的自我概念来评估产品的价格是否合理。例如，对于收入较低或注重节约的消费者来说，他们可能更倾向于选择价格实惠的产品；而对于那些追求社会地位或展示实力的消费者，他们可能更愿意选择高价产品。

（三）自我概念对消费者对广告接受程度的影响

由于每个消费者的自我概念都是独特的，他们对广告信息的反应也会有所不同。一些消费者可能会根据自己的自我概念来评估广告的真实性和可信度，而另一些消费者则可能更容易受到广告宣传的影响。了解消费者的自我概念对于企业来说至关重要，因为它可以帮助企业更准确地定位目标市场，制订更有效的广告策略。

三、运用自我概念的营销策略

在消费者的购买决策过程中，他们对品牌的偏好常常受到自我概念与品牌个性之间一致性的影响。因此，企业应着重提升产品或服务的品质、性价比和形象等属性，确保它们与消费者的自我概念相契合，并据此制订精准的营销策略。为了增强消费者对品牌的认同和购买意愿，企业可以通过提升消费者的真实自我概念、理想自我概念以及社会自我概念来实现精准营销。

真实自我概念是指消费者对自己的真实看法和评价。这类消费者更注重产品的实用性和功能性，他们在购买时更倾向于考虑自己的实际需求。因此，企业应突出产品的实际价值，强调其满足消费者实际需求的能力。

理想自我概念则反映了消费者希望成为的样子或达到的理想状态。这类消费者更看重产品或品牌能否代表他们的理想自我形象。为此，企业可以通过塑造独特的品牌形象，赋予产品更深层次的意义，以吸引这类消费者。

社会自我概念则涉及他人对消费者的看法和评价。这类消费者更关心产品在社交场合的表现和象征意义。因此，企业应注重产品的社交属性和群体认同感，以满足这类消费者的需求。

基于以上分析，企业可以采取以下策略来制订与消费者自我概念相契合的营销策略。

（一）市场细分

企业可以针对消费者自我概念对消费群体进行市场细分，把自我概念相似的消费者看作一个细分市场。例如，可以将消费者细分为保守型消费者和现代型消费者，以此进行品牌定位，塑造与消费者自我概念一致的品牌个性。当品牌个性与消费者内心期望的自我形象吻合时，购买决策就更容易达成。

企业要相信品牌个性具有强大的情感号召力，一个品牌的价值观能够反映消费者不同的自尊感和自我形象，所以企业应了解目标消费者的兴趣，努力吸引同一价值观的细分市场中的消费者，制订正确的品牌营销策略，占领有利的市场地位。

（二）寻找共鸣点

品牌个性所倡导的生活方式既要与产品的特色相适应，又要能够引发符合目标消费者个性欲求的、心理及情感上的联想，这样才能激起消费者的购买欲望，正所谓"谁占据了消费者的心，谁就是市场的领导者"。

在确认了目标消费群体的自我概念后，通过广告诉求等多种沟通手段，企业可以将这些目标消费者的理想个性特征塑造为产品本身具有的品牌个性，或者引导目标消费者转变其自我概念，使产品的品牌个性与目标消费者的理想自我概念相互匹配，从而激发消费者更强烈的情感体验，赢得消费者的认可，建立起消费者与品牌之间千丝万缕的情感联系，促使消费者产生购买欲望。

企业既要充分挖掘产品使用人群的潜在需要和自我概念，并为品牌的个性进行定位和塑造，又要挖掘目标消费者的价值观、需要、欲望和渴望，挖掘使消费者产生共鸣的、有情感说服力的信息来进行广告宣传。

（三）提升消费者自我形象

在现实社会中，每个人都有自尊，维护自尊是人的本能和天性。人们总希望保持或增强自我形象，并把购买行为作为表现自我形象的重要方式。消费者行为学家研究认为，消费者不仅消费实际的产品本身，而且消费产品的象征意义，即通过产品的使用表现出一定的自我形象或生活方式。人们通过被其他人见到的购买行为及消费品来构建自己的身份，因此消费者一般倾向于选择符合或者能够改善其自我形象的产品或服务。

企业市场营销人员要认识到品牌内隐特质对品牌营销的重要性，要迎合或超越消费者对品牌的心理体验，从增加消费者心理体验的角度出发，不断地丰富品牌形象，更重要的是提升消费者的自尊心和自我形象，向他们承诺自己的产品能够帮助其实现某种理想或者产生更强的自尊感。

第三节　消费者的生活方式

生活方式是个体在与社会环境相互作用的过程中形成的独特的活动、兴趣和态度模式。从消费者行为的角度来看，生活方式深刻地影响着消费者的决策过程。它反映了消费者如何分配自己的时间和金钱，以及他们如何通过个人的消费选择来展示自身的价值观和品味。

一、生活方式对消费者行为的影响

生活方式不仅是一种消费模式，而且是消费者内心世界的一种表达。它涵盖了消费者在日常生活中的各种选择，包括娱乐方式、休闲活动、饮食习惯、社交圈子等。这些选择共同构成了消费者独特的生活方式和个性特征。

对于企业来说，了解消费者的生活方式至关重要。只有深入了解消费者的生活方式，企业才能准确地把握他们的需求和偏好，从而制订更加精准的营销策略。例如，针对注重健康生活的消费者，企业可以推出健康食品或健身器材等产品；而针对追求时尚潮流的消费者，则可以推出时尚服饰或潮流配饰等产品。

生活方式对消费者行为有多方面的影响。

第一，生活方式反映了消费者的价值观、信仰、兴趣爱好和个性特征，这些因素都会影响消费者的购买决策。例如，注重健康生活的消费者可能更倾向于购买有机食品和健身器材，而追求时尚潮流的消费者则可能更关注时尚服饰和潮流配饰。

第二，生活方式也会影响消费者的消费习惯和消费模式。例如，一些消费者可能更喜欢在实体店购物，而另一些消费者则可能更倾向于在线购物。此外，消费者的娱乐方式、休闲活动、社交圈子等也会影响他们的消费选择。例如，喜欢旅行的人可能会更倾向于购买与旅行相关的产品和服务。

第三，生活方式会影响消费者对产品或服务的需求和期望。例如，注重生活品质的消费者可能更关注产品的品质、性能和售后服务，而价格可能不是他们重点考虑的因素。因此，企业需要根据消费者的生活方式来制订相应的产品策略和服务策略，以满足他们的需求和期望。

第四，生活方式也会影响消费者的决策过程和购买行为。例如，一些消费者可能会进行详细的比较和评估，才会做出购买决策，而另一些消费者则可能更依赖直觉和情感因素。因此，企业需要了解消费者的决策过程和购买行为，以制订更加精准的营销策略。

二、针对不同生活方式消费者的营销策略

生活方式营销是一种深入洞察消费者心理、价值观及行为的营销策略，其核心在于识别并理解那些具有相似时间和金钱支配模式的消费群体。通过引发他们的情感共鸣和认同感，企业能够创造出真正触动消费者的产品。这种策略将生活方式作为市场细分的关键，旨在挖掘其中蕴含的商机。

消费者个性与生活方式的关系如表 4-3 所示。

表 4-3　消费者个性与生活方式的关系

消费者个性类型	个性倾向特征	生活方式
活泼型	改变现状	不断追求新的生活方式
	获得信息	渴望了解更多的知识和信息
	积极主动	总想做些事情来充实自己
分享型	和睦相处	原意与亲朋好友共度时光
	广泛社交	不放弃任何与他人交往的机会
	归属感	想同其他人一样生活
自由型	以自我为中心	按照自己的意愿生活，而不考虑他人
	追求个性	努力做到与他人不同
	甘于寂寞	拥有自己的世界，不愿他人涉足
保守型	休闲消遣	喜欢轻松自在，不追求刺激
	注意安全	重视对既得利益的保护
	重视健康	注重健康投资

（一）目标消费群体

消费族群，即目标消费群体，是企业在生活方式营销中需要深入理解和洞察的对象。企业要从消费者的日常生活中提取关键的营销信息，这是实施生活方式营销策略的基础和关键所在。为了确保营销策略的有效性，企业必须清晰地界定其所锁定的消费群体，了解他们的特征、喜好和生活方式。

在确定目标消费群体时，企业需要对目标消费者进行深入分析，包括他们的年龄、性别、职业、收入、兴趣爱好等。通过这样的界定，企业可以更加准确地把握消费者的需求和期望，从而把产品的独特之处与消费者的生活需求相结合，使消费者产生强烈的认同感。

以通信产品为例，虽然消费者对通信产品最基本的需求是满足通信功能，但在不同的社会交往环境和文化背景下，通信产品可以扮演更加多元化的角色。它可能是人们在社交场合中展示个性和品位的工具，也可能是传递文化价值观的重要载体。因此，企业在推广通信产品时，需要考虑到消费者在不同层面上的需求，提供多样化的解决方案，以满足不同消费者的个性化需求。

（二）消费价值观

消费价值观是消费者对消费水平、消费方式等问题的内在态度和根本看法，它直接关联着消费者与产品之间的关系。这种价值观体现了消费者对事物的价值判断，包括善恶、优劣、是非的评价，以及情感上的喜好或厌恶、崇拜或鄙视的倾向。它进一步指导消费者的购买决策和行动，决定了他们选择什么、购买什么。

消费价值观与消费者行为和市场需求紧密相连，是消费者评价产品和服务的核心标准。企业要想深入了解消费者行为，就必须认真分析和准确把握消费价值观。这种理解不仅有助于企业洞察消费者的真实需求，而且是企业制订有效营销策略和确定营销目标的重要依据。因此，企业必须高度重视对消费价值观的研究，以更好地满足消费者的期望，赢得他们的理解和信任。

（三）生活观念

生活观念是消费者物质需求与心理需求的综合体现，它贯穿于消费者的日常生活方式和思维中。因此，在产品开发和品牌塑造的过程中，企业必须紧密结合目标消费群体的生活观念。这要求企业深入了解消费者的生活方式、价值观、个性特点等，以确保产品的品牌个性与消费者的生活观念相契合。

以星巴克为例，它不仅仅是一个咖啡品牌，更是一种生活方式的代表。星巴克成功地将其品牌与消费者对高品质生活、社交互动和放松身心的需求相结合。星巴克的生活观念体现在其独特的咖啡店设计、舒适的座椅、柔和的音乐以及友好的服务上。这些元素共同营造了一种轻松、愉悦的氛围，使消费者能够在繁忙的生活中找到一个放松的角落。星巴克不仅仅提供咖啡，还提供了一个让人们可以停下来、放松、交流的空间。

（四）传播偏好

消费者的传播偏好是整合营销传播策略中的核心指导原则。在实施生活方式营销时，企业必须深入了解目标消费群体所偏爱的传播渠道，即他们更倾向于通过哪些途径接收营销信息。这对于广告、公共关系、促销等营销活动的成功具有决定性的影响。

如今，商业媒体的影响力日益增强，其特点表现为传播渠道的多样化和媒体的分众化。面对消费者注意力有限而媒体信息过剩的情境，企业能够优先与目标消费群体建立有效传播联系变得至关重要。

以一位在微信公众号上走红的网络红人为例，他通过分享制作美食的内容，成功吸引了大量粉丝的关注和喜爱。他利用自己美食专家的身份，在微信公众号上展示高端砧板的使用方法，不仅唤起了大众对精致美食的向往，而且刺激了消费者的购买欲望。这个例子表明，企业可以通过微信公众号等社交媒体平台，精准地触达目标消费者，通过内容营销引发消费者的情感共鸣，进而实现营销目标。

随着移动互联网和大数据技术的飞速发展，企业如今有能力深度挖掘消费者的多元属性，如生活观念、消费价值观及兴趣偏好等数据，进而精细描绘出消费者画像。凭借这一精准的消费者洞察，企业可以通过巧妙的媒体组合策略，推送与消费者产生情感共鸣的内容。当这些内容与品牌传播的核心信息紧密结合时，品牌便能够迅速且有效地调配资源，实现精准营销的目标，快速搭建与消费者的情感桥梁，从而获得最好的营销效果。

简而言之，生活方式营销已经成为一种革新性的市场策略，它不仅关注消费者，而且着眼于整个市场环境。在这种营销模式下，企业不仅将自身行动与社会环境相融合，而且致力于细致洞察目标消费者的真实需求。更重要的是，通过精心打造的品牌形象，企业能够成为一种文化象征，最终代表着一种独特的生活方式和消费品位。这种深层次的品牌与消费者连接，不仅增强了品牌的市场影响力，而且为消费者带来了更加丰富和深入的品牌体验。

本章小结

消费者的个性是指消费者在消费过程中表现出来的稳定倾向性、稳定心理特征的总和。消费者个性与消费者行为之间存在密切关联，不同的个性特征对消费者行为产生不同的影响。为了使消费者能够愉快地完成购买行为，市场营销人员需要根据消费者的不同个性特征制订有效的营销策略。

自我概念是个体对自身一切的知觉、了解和感受的总和，包括自身身份、价值观、信念和期望等方面。自我概念在消费者的心理活动中占据核心地位，不仅影响着他们的消费心理，而且直接关系到他们的购买决策。企业应着重提升产品或服务的品质、性价比和形象等属性，确保它们与消费者的自我概念相契合，并据此制订精准的营销策略。

消费者生活方式是个体在与社会环境相互作用的过程中形成的独特的活动、兴趣和态度模式。只有深入了解消费者的生活方式，企业才能准确地把握他们的需求和偏好，从而制订更加精准的营销策略。生活方式营销是一种深入洞察消费者心理、价值观及行为的营销策略，其核心在于识别并理解那些具有相似时间和金钱支配模式的消费群体。

复习与思考

一、简答题

1. 什么是消费者个性？消费者个性具备哪几个特征？
2. 自我概念主要包括哪几个方面的内容？
3. 简述生活方式对消费者行为的影响方式。

二、案例分析

品牌对消费者个性心理的调研

某服装品牌准备推出一款全新的休闲运动系列服装,市场营销人员决定通过对两位不同性格和个性的消费者进行案例分析,以了解不同消费者的个性心理特征。以下是两位消费者的资料。

小玲,25岁,图书馆管理员。小玲是一个文静内敛的女性,平时喜欢独自阅读,不喜欢张扬和过于花哨的服装。她喜欢简约舒适的装扮,注重穿着的舒适性和实用性。她追求简约但不失品味的休闲服装,更注重服装的品质和细节。

小文,28岁,时尚杂志编辑。小文是一位追求时尚潮流的女性,她对服装有很高的要求,喜欢尝试新潮的款式和设计。她经常参加各种时尚活动,注重服装的个性化和与众不同,愿意尝试各种大胆的设计和时尚潮流元素。

讨论:结合两个消费者的个性心理特征,品牌应如何有针对性地设计产品,并制订相应的营销策略,以满足不同群体的消费者需求,提高品牌的市场竞争力?

三、项目实训

1. 实训目标

(1) 掌握消费者个性心理的基本理论和分类方法。

(2) 能够识别并分析不同消费者的个性心理特征。

(3) 学会将消费者个性心理特征应用于市场营销实践。

(4) 培养团队合作能力和解决实际问题的能力。

2. 实训要求:以团队(4～6人)任务的形式完成消费者的个性心理特征分析。

3. 实训内容

(1) 进行消费者个性心理理论的学习,了解个性心理的定义、分类及其与消费者行为的关系。

(2) 进行消费者调研,通过问卷调查、访谈等方式收集不同消费群体的数据。

(3) 分析调研数据,归纳出不同消费群体的个性心理特征。

(4) 结合具体市场营销案例,讨论消费者个性心理如何影响购买行为。

(5) 基于分析结果,制订个性化的营销策略并进行模拟演练。

4. 实训成果及考核要求

(1) 提交一份包含调研数据和分析结果的研究报告。

(2) 提供一套基于消费者个性心理特征的营销策略建议。

(3) 完成一次营销策划模拟演练,并撰写反思报告。

第五章　消费群体与消费心理及行为

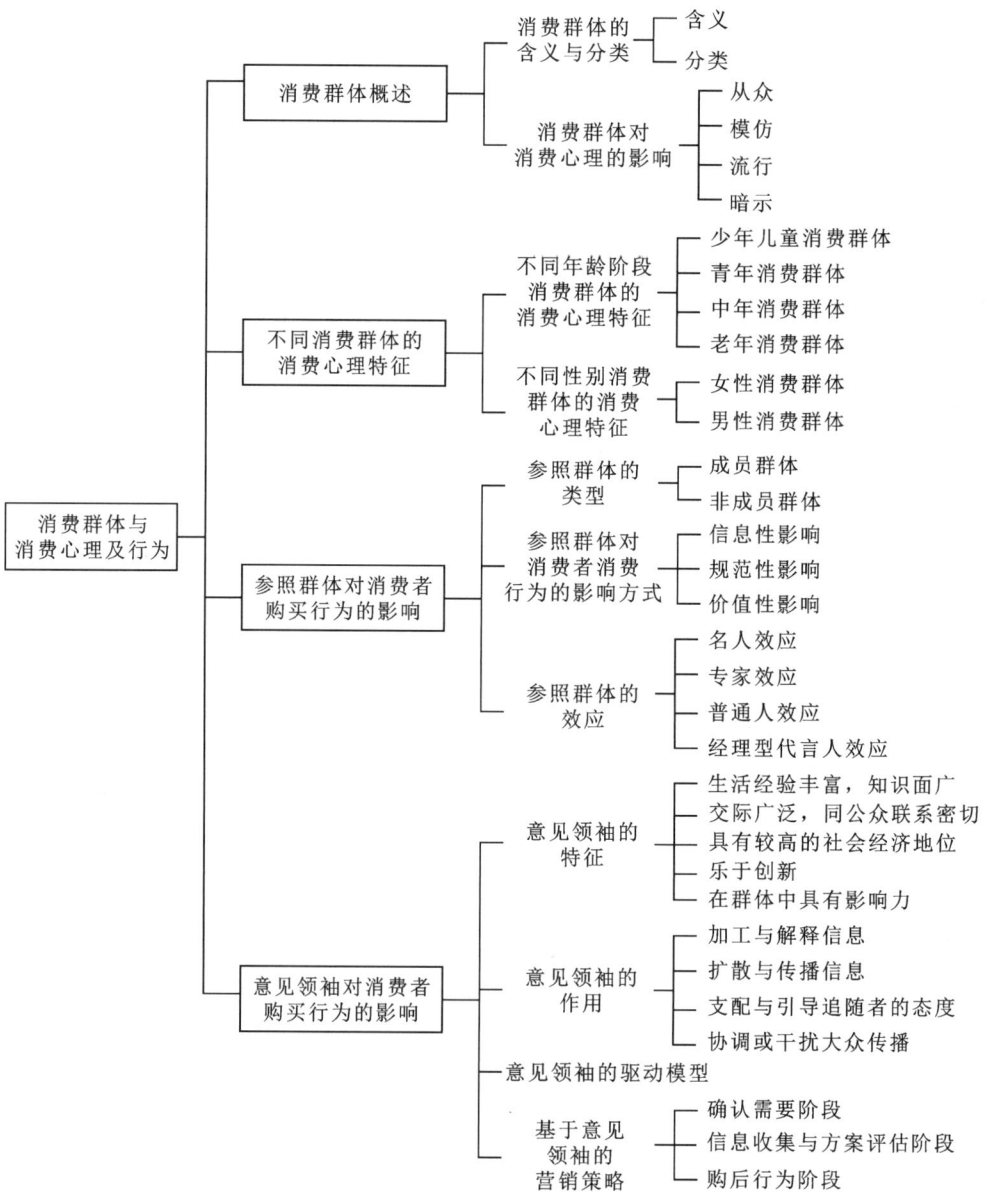

知识目标

- 理解消费群体的含义与分类。
- 理解消费群体对消费行为的影响。
- 掌握不同消费群体的消费心理特征。

能力目标

- 能够依照市场现状对消费群体进行细分。
- 能够依据消费者的消费心理特征制订相应的营销策略。

素养目标

- 了解消费群体对消费行为的影响，践行社会主义核心价值观。
- 培养创新意识。

情境导入

"温馨角落"的消费群体分析

在繁忙的都市中，有一家名为"温馨角落"的连锁咖啡店。这家咖啡店以其独特的装修风格、舒适的环境以及高品质的咖啡和点心吸引了众多消费者。店内播放着轻松愉悦的音乐，墙上挂着当地艺术家的作品，整个空间弥漫着浓郁的咖啡香和微甜的烘焙味。

"温馨角落"主要面向以下几类消费群体。一是白领，他们通常在工作间隙寻找一个放松身心的环境，享用一杯咖啡或进行简短的商务会谈。二是学生群体，临近大学的分店特别受学生的欢迎，他们在这里聚会、学习或享受休闲时光。三是年轻的专业人士，该群体追求生活品质，愿意为高品质的咖啡和良好的消费体验支付更多。四是社区居民，咖啡店也吸引了周边社区的居民，他们可能来此会友或独自享受休闲时光。

有专业人士结合相关数据，对"温馨角落"消费群体的消费心理与行为做出如下分析。

首先，"温馨角落"能满足消费者对归属感与社交的需求。他们来到咖啡店不仅是为了喝咖啡，而且是为了寻求一种归属感。白领可能会带客户来此谈业务，以展示自己的专业形象，学生则可能因团体学习或社交聚集在此。

其次，"温馨角落"能满足消费者对品质的追求。对于年轻的专业人士而言，选择"温馨角落"可能是因为他们对咖啡品质的高要求及对美好生活方式的追求。他们倾向于选择特色咖啡或限量版饮品，以此来彰显个人品位。

再次，"温馨角落"里舒适的环境对消费者具有足够的吸引力。舒适的环境和免费无线网络可能是社区居民频繁光顾的原因。对他们来说，咖啡店提供了一个可以放松、阅读或工作的第三空间。

最后，"温馨角落"使用多种营销策略，培养了消费者的忠诚度。常客计划和个性化服务有助于建立消费者忠诚度。例如，咖啡店通过积分系统奖励频繁光顾的消费者，有经验的店员记住了常客的名字和喜好，提供人性化的服务。

我们知道，不同的消费群体有着各自的消费心理和行为模式。咖啡店需要了解并满足这些多样化的需求，以吸引和留住消费者。实施有效的市场营销策略，如提供个性化服务、营造舒适的环境、维护合理的价格体系和开展会员忠诚计划，都是提升消费者满意度和忠诚度的重要手段。

第一节　消费群体概述

一、消费群体的含义与分类

（一）消费群体的含义

群体是指一定数量以上的人通过一定的社会关系结合起来进行共同活动并产生相互作用的集体。消费是人通过消费品满足自身欲望的一种经济行为。消费群体是指有消费行为且具有一种或多种相同的特性或关系的集体。这些特性或关系可以表现为消费者收入水平相近、购物兴趣相同，或者年龄处于同一阶段，或者工作性质与职业相同等。

（二）消费群体的分类

我们可以根据不同的标准和方法对消费群体进行分类，如表 5-1 所示。

表 5-1　消费群体的分类

分类标准		消费群体的类别
消费心理学因素	组织形式	正式群体、非正式群体
	心理归属	所属群体、参照群体
	行为模式	自觉群体、回避群体

续表

分类标准		消费群体的类别
自然地理因素	地域	国内、国外消费群体；华东、华南、华北、西南、东北、西北消费群体
	自然、环境、经济因素	山区、平原、丘陵地带消费群体；沿海、内陆地区消费群体；城市、乡村消费群体
人口统计学因素	性别	男性消费群体、女性消费群体
	年龄	少年儿童、青年、中年和老年消费群体
	受教育程度	小学文化、中学文化、大学文化等消费群体
	职业	工人、医生、知识分子、经理人员、政府公务员等消费群体
	收入水平	低收入、中等收入、高收入消费群体
	家庭类型	单身、单亲家庭、核心家庭、多代家庭等消费群体
	民族	汉族、回族、维吾尔族、藏族、苗族等消费群体
	宗教	佛教、基督教、天主教、伊斯兰教等消费群体
消费者心理因素	生活方式	不同民俗民情的、不同生活习惯的、紧追潮流的、趋于保守的等消费群体
	性格	勇敢或懦弱、支配或服从、积极或消极、独立或依赖等消费群体
	心理倾向	注重实际、相信权威、犹豫怀疑等消费群体
消费者对产品的现实反应	购买动机	求实、求新、求廉、求美、求奢、求同等消费群体
	品牌偏好	非常偏好、比较偏好、一般偏好、无偏好、反感、很反感等消费群体
	使用程度	未曾使用、初次使用、长久使用、潜在使用的消费群体
	使用量	大量使用、一般使用、少量使用、不使用的消费群体
	对产品要素的敏感性	对价格敏感、对质量敏感、对服务敏感等消费群体

常见的消费群体一般有以下几种分类。

1. 收入水平消费群体

这是按照消费者的收入水平进行的分类，如高收入消费群体、中等收入消费群体和低收入消费群体。这种分类方式可以帮助企业了解不同收入水平的消费者的需求和购买力，从而推出相应的产品，并制订不同的定价策略。

2. 购物兴趣消费群体

这是按照消费者的购物兴趣进行的分类，如时尚消费群体、家居消费群体、美食消费群体等。这种分类方式可以帮助企业了解消费者的兴趣爱好和购物偏好，从而推出符合消费者需求的产品和服务。

3. 社会阶层消费群体

这是按照消费者的社会地位和阶层进行的分类。这种分类方式可以帮助企业了解不同社会阶层的消费者的价值观和生活方式，从而推出符合其需求的产品和服务。

4. 年龄消费群体

这是按照消费者的年龄进行的分类，如青少年消费群体、中年消费群体、老年消费群体等。这种分类方式可以帮助企业了解不同年龄段的消费者的需求和消费习惯，从而推出适合不同年龄段消费者的产品和服务。

5. 性别消费群体

这是按照消费者的性别进行的分类，如男性消费群体、女性消费群体等。这种分类方式可以帮助企业了解男女消费者的不同需求和偏好，从而制订相应的营销策略。

二、消费群体对消费心理的影响

在消费群体中，个体之间通过相互作用和相互影响，形成了独特的群体心理现象，包括从众、模仿、流行和暗示等。这些群体心理现象对消费者的心理和行为产生了明显的制约作用。

（一）从众

从众心理使得消费者在面对选择时，更容易受到群体中其他成员的影响，倾向于选择与大多数人相同的产品或服务。从众现象在消费领域中是一种广泛存在的心理现象，它对于消费者的行为具有双重影响。从积极的角度来看，从众行为能够推动消费流行趋势的形成，促使消费者根据自身实际情况进行合理消费，量力而行，注重实效。这种消费行为有助于市场的繁荣和产品的普及，同时也能够提升消费者的生活品质。然而，从众行为也有其消极的一面。在某些情况下，消费者可能会盲目攀比，不考虑自身的收入水平，追求与他人相似的消费行为。这种不理智的消费行为可能导致消费者过度借贷，甚至采用非法手段来满足自己过高的消费欲望，从而给个人和社会带来负面影响。

（二）模仿

模仿心理渗透在我们日常生活中的方方面面，它使得消费者倾向于模仿群体中他们认为有影响力或号召力的成员的消费行为。从简单的无意识动作，如模仿他人的手势或表情，到更为复杂的衣、食、住、行等方面，我们都在不知不觉中受到他人的影响。这种模仿不仅仅局限于表面行为，还深入到我们的性格、工作方法、生活方式等多个层面。模仿行为在青少年消费群体中尤为常见，青少年消费群体往往会受到偶像、明星等人物的影响，模仿他们的穿着、饮食等消费习惯。

（三）流行

流行心理也是消费群体中常见的心理现象。当某种产品或服务在群体中广泛流行时，消费者往往会被这种流行趋势所吸引，愿意跟随潮流进行消费。这种心理现象在时尚、娱乐等领域尤为显著。

（四）暗示

暗示心理也对消费者的心理和行为产生了影响。在消费群体中，个体往往容易受到他人的言语、行为等暗示的影响，从而改变自己的消费决策。例如，当消费者在购物时看到其他人对某种产品表示赞赏或推荐时，他们可能会受到这种暗示的影响，对该产品产生好感或购买意愿。

第二节　不同消费群体的消费心理特征

一、不同年龄阶段消费群体的消费心理特征

以消费者年龄阶段为标准，我们可以将消费群体划分为婴幼儿消费群体（0～3 岁）、少年儿童消费群体（4～18 岁）、青年消费群体（19～30 岁）、中年消费群体（31～60 岁）、老年消费群体（61 岁及以上）。

以上五类消费群体中，婴幼儿消费群体比较特殊，他们是使用者，而他们的父母等才是真正的消费决策者或购买者，因此以下仅介绍后四类消费群体。

（一）少年儿童消费群体的消费心理特征

少年儿童消费群体的消费心理主要是指学龄前期到学龄中期的消费者的需求与购买心理，少年儿童消费群体的消费心理特征主要体现在以下几个方面。

1. 模仿与从众心理

少年儿童在消费过程中往往表现出较强的模仿和从众心理。他们倾向于模仿父母、同龄人或偶像的消费行为，容易受到周围环境和社交圈子的影响。这种模仿和从众心理在一定程度上影响了他们的购买决策和消费选择。

2. 注重个性表达

随着年龄的增长，少年儿童开始注重个性表达，希望通过购买的产品来展示自己独特的个性。他们更倾向于选择具有独特设计和个性化元素的产品，以满足自我表达的需求。

3. 情绪化消费

少年儿童的消费情绪容易波动，容易受到外界因素的影响。他们在购买过程中可能会因为一时的情绪冲动而做出购买决策，情绪化消费现象较为明显。

4. 消费认知有限

由于年龄和经验的限制，少年儿童的消费认知相对有限。他们通常缺乏足够的判断能力和辨别能力，对于产品的质量、性能等方面可能缺乏足够的了解，容易受到广告、促销等因素的影响。

5. 受家庭影响显著

在少年儿童的消费过程中，家庭的影响不可忽视。父母的消费观念、家庭经济状况等因素都会对少年儿童的消费行为产生影响。同时，家庭成员的消费行为也会成为少年儿童模仿的对象。

了解少年儿童的消费心理特征，有助于企业在设计和推广产品时更好地迎合他们的需求和喜好。企业可以通过针对少年儿童的营销策略，如注重个性化设计、加强产品互动性和趣味性等，吸引他们的注意力并激发他们的购买欲望。同时，企业也需要注意避免过度依赖广告和促销手段，以免对少年儿童的消费观念产生负面影响。

（二）青年消费群体的消费心理特征

青年是人生中从少年向中年过渡的阶段。相比少年儿童，青年消费者的思维能力有了一定程度的发展，能够独立思考问题，在购买决策中具备了基本的选择能力，其消费心理也日趋复杂。尤其是到了青年时期的后期，消费者思维能力逐渐成熟，又积累了一定的文化知识及生活经验，且具备了相应的经济实力，故其消费心理会更加丰富。

青年消费群体的消费心理特征表现在以下方面。

1. 追求时尚和新颖

青年人充满活力和探索精神，追求时尚和新颖。他们关注最新的流行趋势，喜欢尝试新的产品和服务，以展示自己的独特个性和品位。这种追求时尚的心理特征在消费行为中表现为对新颖、独特、有个性的产品和服务的青睐。

2. 注重自我，追求个性

青年人强烈追求自我表达和个性展示，他们希望通过购买的产品和服务来彰显自己的个性和独特之处。因此，在消费过程中，他们更加注重产品的设计、风格和品牌形象，倾向于选择能够体现自己个性和价值观的产品。

3. 容易冲动，注重情感

由于青年人情感丰富、冲动性较强，他们在消费过程中容易受到情感和冲动的影响。一些突发事件、情感波动或社交圈子的影响都可能引发他们的购买行为。同时，青年人也更加注重消费过程中的情感体验和感受，追求购物的愉悦感和满足感。

4. 热衷于科技、创新

青年人通常对科技和创新充满热情，他们关注最新的科技动态和创新产品，愿意尝试新的科技产品和服务。这种心理特征在消费行为中表现为对智能手机、电子产品、互联网服务等高科技产品的青睐。

5. 重视社交，追求群体认同感

青年人重视社交和群体认同感，他们的消费行为往往受到社交圈子和同龄人的影响。在购买决策中，他们可能会考虑产品是否符合社交圈子的审美标准，是否能够引起他人的关注和讨论等。

（三）中年消费群体的消费心理特征

中年人在家庭中是购买产品的决策者，其消费心理具有以下特征。

1. 理智性和计划性

随着年龄的增长，中年消费者的消费行为逐渐趋于理智，表现出计划性。他们在购买产品或服务时，会更加注重实际需求和用途，较少受到冲动和盲目购买的影响。在决策过程中，中年消费者通常会进行详细的比较和评估，以确保购买决策的合理性和正确性。

2. 注重品质和口碑

中年消费者通常对产品的品质和口碑有更高的要求。他们在购买时会更加关注产品的质量、性能、耐用度等，倾向于选择有良好口碑和品质保证的品牌和产品。此外，中年消费者还注重产品的实用性和性价比，追求物有所值的消费体验。

3. 追求舒适和便利

由于中年消费者通常处于家庭和职业的重要阶段，他们更加注重生活的舒适和便利。在购买产品或服务时，他们会考虑产品的易用性、便利性、节省时间等因素，以满足他们高效、便捷的生活需求。

4. 对健康和安全的关注

中年消费者通常更加关注健康和安全问题。他们在购买食品、保健品、家居用品时，会更加注重产品的安全性、环保性等方面。此外，中年消费者还关注产品的售后服务和保障，以确保在使用过程中能够得到及时的支持和帮助。

5. 情感需求和怀旧情结

虽然中年消费者的消费行为更加理智，表现出计划性，但他们也会受到情感需求和怀旧情结的影响。一些能够唤起他们情感共鸣的产品或服务，如怀旧产品、家庭用品等，可能会激发中年消费者的购买欲望。

（四）老年消费群体的消费心理特征

老年人是一个特殊的消费群体，在生理和心理上都不同于中年、青年消费群体，并且精力和体力都在下降，已有的信念越来越稳固。老年消费群体的消费心理特征主要表现在以下几个方面。

1. 注重实用性和性价比

老年消费者在购买产品或服务时，通常会更加注重其实用性和性价比。他们更倾向于选择那些能够满足基本需求、操作简单、易于理解的产品。同时，老年消费者也会关注产品的价格，并倾向于选择价格合理、物有所值的产品。

2. 追求便利和舒适

随着年龄的增长，老年消费者的身体机能可能会有所下降，因此他们更加注重购买产品或服务的便利性和舒适性。例如，他们可能会选择购买易于携带、方便使用的产品，或者选择那些提供上门服务、无障碍设施的消费场所。

3. 消费习惯稳定，品牌忠诚度高

老年消费者通常具有较为稳定的消费习惯和品牌忠诚度。他们可能长期使用某些品牌的产品，对这些品牌产生信任和依赖。因此，企业在营销活动中可以通过强调品牌的历史、信誉和口碑来吸引老年消费者。

4. 注重安全和健康

老年消费者在购买产品或服务时，会更加关注产品的安全和健康问题。例如，他们可能会关注食品的营养成分、药品的副作用等信息，以确保购买的产品或服务对自己的健康有益。

5. 怀旧和情感需求

老年消费者往往具有强烈的怀旧情结，他们可能会对一些具有历史意义或能够唤起美好回忆的产品或服务产生浓厚的兴趣。同时，老年消费者也注重情感交流和社交互动，因此企业在营销活动中可以通过情感营销和社交互动来满足他们的情感需求。

知识拓展 5-1
网红带货
能走多远？

二、不同性别消费群体的消费心理特征

女性和男性在多个层面，包括生理、社会角色、心理以及行为上，均展现出了明显的差异。在消费者行为学中，研究者通常针对典型的女性与男性消费群体，深入探讨他们的心理特征。尽管单身与已婚的女性和男性在消费习惯、决策模式等方面也可能存在差异，但在这里我们主要聚焦于性别本身的差异，以揭示女性和男性在消费特征上的独特之处。女性和男性的消费心理特征对比如图 5-1 所示。

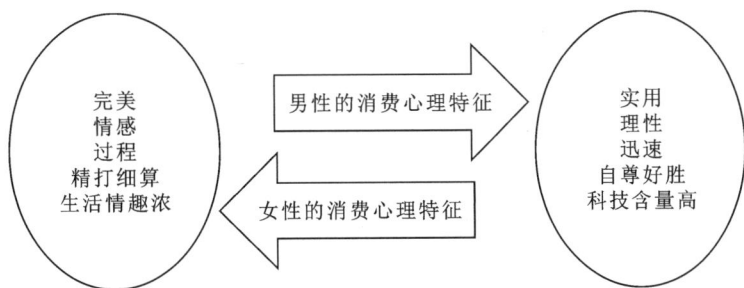

图 5-1 女性和男性的消费心理特征对比

（一）女性消费群体

在当代家庭中，一般女性掌握着家庭消费的主动权，且随着女性受教育程度的提升、就业机会的增加以及经济和社会地位的稳步提高，女性的消费能力也在不断增强。因此，深入了解女性消费心理有助于企业把握市场趋势，挖掘潜在的商机。女性消费群体的心理特征主要表现在以下几个方面。

1. 强烈的购买动机和频繁的消费行为

女性通常具有较强的购买动机，这源于她们对家庭、自我和社交的需求。一般情况下，由于女性更多地参与家务和照顾家庭成员，她们对家居用品、服饰、食品等产品的购买频率较高，掌握的市场信息也较多。

2. 注重情感和感性决策

女性的消费行为往往受到情感的影响，她们在购买时更注重产品的外观、颜色、形状等因素，以及产品所传达的情感意义。例如，女性更容易被精美的广告片、浪漫的氛围或产品的寓意所打动，从而产生购买欲望。

3. 关注产品的实用性和性价比

虽然女性注重情感因素，但她们在购买时也会考虑产品或服务的实用性和性价比。尤其是在购买日常生活用品时，女性更关注这类产品的实际效用。

4. 强烈的自我意识和自尊心

女性消费者通常具有较强的自我意识和自尊心，她们在购买产品时希望展现自己的个性和品位。因此，个性化、独特的设计往往更吸引女性消费者的关注。

5. 注重购物体验和社交互动

女性消费者在购物过程中往往追求良好的购物体验，包括舒适的购物环境、贴心的服务以及与他人的社交互动。同时，她们也乐于分享购物心得和评价产品，这在一定程度上影响了她们的购买决策。

（二）男性消费群体

尽管女性在一些消费领域占据主导地位，但男性在某些领域，如汽车、电子产品、体育器材等，具有更大的购买决策权。了解男性消费者的心理特征可以帮助企业更好地满足他们的需求，并制订相应的营销策略。男性消费群体的心理特征表现在以下几个方面。

1. 注重实用性和功能性

男性消费者在购买产品时，通常更加注重产品的实用性和功能性。他们更倾向于选择那些能够满足实际需求、性能稳定、质量可靠的产品。男性消费者在购买决策中会更加理性，对产品的性能、参数、品质等方面有较高的要求。

2. 追求简单和便利

男性消费者通常喜欢简单、直观的产品设计和购买过程。他们不喜欢烦琐的操作步骤和复杂的选项，更倾向于选择易于使用、操作过程一目了然的产品。在购买时，男性消费者也更注重购物的便利性，如方便的支付方式、快速的配送服务等。

3. 品牌意识和忠诚度

虽然男性消费者在购买时相对更注重实用性，但他们也有一定的品牌意识和忠诚度。一些知名品牌和口碑较好的产品更容易获得男性消费者的信任和青睐。男性消费者在选择产品时，可能会更倾向于购买自己熟悉或认可的品牌。

4. 对价格的敏感度较低

相对于女性消费者，男性消费者通常对价格的敏感度较低。他们在购买时更注重产品的质量和性能，而不会过度关注价格因素。当然，这并不意味着男性消费者完全不考虑价格，但在价格和质量之间做出选择时，他们往往更倾向于选择质量更优的产品。

5. 重视个人形象和品位

男性消费者在购买服装、配饰等产品时，也会关注个人形象和品位。他们希望通过购买符合自己风格和气质的产品来展示自己的个性和品位。因此，企业在设计和推广产品与服务时，可以考虑男性消费者的这一需求，提供多样化的选择。

知识拓展 5-2
婚庆经济

第三节　参照群体对消费者购买行为的影响

参照群体，也被称为标准群体或榜样群体，是指那些作为人们判断事物的标准或效仿的群体。这些群体的目标、标准和规范常常成为人们行动的指南和效仿的样板。

参照群体在消费者的决策过程中扮演着举足轻重的角色，而消费者的决策又在很大程度上决定了其购买行为。因此，理解参照群体对消费者行为的影响，对于企业来说至关重要，这有助于企业更准确地把握市场需求，制订有效的营销策略。

一、参照群体的类型

根据个体的成员资格，我们可以将参照群体分为成员群体和非成员群体。

（一）成员群体

成员群体，也称隶属群体，是指个体为其正式成员的群体。这些群体通常与个体有直接的关联和互动，如个人所在的球队、小组、班级、学校、学区等。成员群体对个体的行为、态度和价值观产生重要影响，因为个体通常会遵循群体的规范，以符合群体的期望和要求。由于人们从事的职业和兴趣爱好的多样性，他们分属于各种不同的群体。这些群体因其性质不同，对成员行为的影响程度也各不相同。例如，军人作为一个成员群体，必须遵守纪律，这是他们群体规范的一部分。再如，一些文化工作者群体的成员在穿着打扮上更为时尚和个性化，他们可以根据自己的风格来选择穿着，但仍需体现文艺界的职业特征。还有一些协会的成员，出于自愿，会佩戴共同的标志或购买、使用同一品牌的产品，这体现了他们对群体身份的认同。

按照不同的标准，我们可以将成员群体细分为不同的类型。根据群体对个体产生的正面或负面影响来分类，可以将成员群体分为接受群体和拒绝群体；根据群体成员之间的互动程度和接触频繁程度，可以将成员群体分为主要群体和次要群体；根据群体成员之间的组织化程度，可以将成员群体分为正式群体和非正式群体。

（二）非成员群体

非成员群体是指个体不属于其中，也没有明确成员资格的群体。与成员群体不同，非成员群体对个体的影响可能较为间接或有限。非成员群体可以分为以下几种类型。

1. 渴望群体

这是个体希望成为其成员的非成员群体。通常，这些群体与个体的价值观、兴趣或目标相符，因此个体渴望加入并成为其中的一员。例如，一个年轻人可能渴望成为某个时尚品牌的忠实粉丝或某个知名企业的员工。

2. 规避群体

这是个体希望与之划清界限的非成员群体。这些群体可能与个体的价值观、信仰或生活方式相悖，因此个体希望避免与其产生关联。例如，某人可能因为不认同某个政治派别的理念，而希望与之保持距离。

3. 中性群体

这是个体既不属于其中，也不特别渴望加入或规避的群体。这些群体对个体来说可能没有明显的吸引力或排斥力，因此个体对它们持中立的态度。例如，一个人对某个行业或领域没有特别的兴趣或需求，因此与该行业或领域相关的群体对他来说就是中性群体。

二、参照群体对消费者消费行为的影响方式

尽管人们渴望展现个性和自己的与众不同之处，但群体的影响力却悄无声息地渗透到我们的日常生活中。不论是否愿意承认，我们每个人都有一种倾向，那就是与各种群体保持一致。只需观察一下班上的同学，你就会惊讶地发现，除了性别和穿着风格上的微小差异外，大多数人的衣着都有惊人的相似之处。

例如，如果一个同学穿着比较正式的衣服来上课，大家很可能会误以为他是要去参加面试，因为这种穿着在大家眼中是正式场合的象征。然而，作为个体，我们通常不会意识到这种行为其实是从众的表现。尽管我们时常需要有意识地决定是否服从群体，但大多数情况下，我们与群体保持一致的行为是无意识的。

参照群体对消费者个体购买行为的影响，通常表现为三种形式，如表 5-2 所示。

表 5-2　参照群体影响消费者个体购买行为的方式

影响方式	动机	表现	作用和结果
信息性影响	规避风险	从参照群体收集信息；观察群体中其他人的消费情况，如个体向可靠的朋友寻求信息，个体对专家行为的观察	积累消费知识，提高决策效用
规范性影响	顺从	通过消费选择迎合群体的偏好和规范，如为迎合同事或朋友的期望而购买特定品牌的产品	赢得参照群体的赞扬，避免来自群体的惩罚
价值性影响	心理满足	通过消费选择体现自己向往的社会群体身份，如购买某一品牌的产品有助于向别人展示自己理想中的社会身份	强化自我身份，表现对参照群体的喜爱

（一）信息性影响

信息性影响是指个体在行为决策过程中，将参照群体成员的行为、观念、意见等作为有用的信息来源，这些信息来源能在其行为上产生影响。这种影响通常是通过两种途径实现的：一是从其他人那里直接获取信息，二是观察其他人的行为并将其作为参考。

例如，当消费者对某产品缺乏了解时，他们可能会参考周围人的使用经验和推荐，这些信息被视为判断产品品质的重要依据。这种影响取决于被影响者与群体成员的相似性，以及施加影响的群体成员的专业性。例如，某人在选择护肤品时，可能会受到使用某品牌产品的多位朋友的影响，从而决定试用该品牌的护肤品。

（二）规范性影响

规范性影响是指群体规范发挥作用并对个体的行为产生的影响。这种影响主要源自个体希望遵守群体规范，以维持与群体的良好关系，并避免受到群体的负面评价或惩罚。

具体来说，规范性影响体现为个体在做出行为和决策时会考虑群体的期望和标准，从而调整自己的行为以使其符合群体规范。例如，当一个人身处正式场合时，他会选择穿着得体、符合场合要求的服装，以符合群体对正式场合的着装规范。

此外，规范性影响还可以通过群体的奖赏和惩罚机制来实现。当个体的行为符合群体规范时，个体可能会受到群体的赞赏和奖励，这会增强个体继续遵守规范的动力。相反，如果个体的行为违反群体规范，个体可能会受到群体的批评或惩罚，这会促使个体调整自己的行为以使行为符合规范。

（三）价值性影响

价值形影响是指个体在行为决策过程中，自觉遵循或内化参照群体所具有的信念和价值观，从而在行为上与之保持一致。这种影响主要体现在个体希望通过与参照群体在价值观上的一致性来展示自己的价值观，提升自我形象，或者出于对参照群体的忠诚和喜爱，希望与之建立和保持长期关系。

例如，当个体认为某个艺术家群体的气质和素养具有吸引力时，他可能会模仿该群体成员的行为方式，如留长发、蓄络腮胡、采用不拘一格的穿着打扮等，以反映他所理解的那种艺术家的形象。此时，该个体就是在价值表现上受到了参照群体的影响。

价值性影响的力量主要来源于两个方面：一方面，个体可能希望通过与参照群体的一致性来展示自己的价值观和提升自我形象；另一方面，个体可能对参照群体有特别的喜爱或忠诚，从而视群体价值观为自身的价值观。

三、参照群体的效应

（一）名人效应

影视明星、歌星和体育明星等名人或公众人物，作为参照群体，对公众具有强大的影响力和号召力。对许多人来说，名人代表着一种理想化的生活方式，因此，很多企业不惜花费巨额资金聘请这些名人为其产品代言。研究显示，有名人支持的广告相较于没有名人代言的广告，在公众评价上更为正面和积极，这一现象在青少年群体中尤为显著。

例如，20 世纪 80 年代，百事可乐在与可口可乐的竞争中采用了"新生代的可乐"形象策略。为了实施这一策略，他们选择某著名歌星作为代言人，通过他年轻、充满活力的形象吸引了大量年轻消费者。这一举措被誉为有史以来最大手笔的广告运动。

名人效应可以为企业带来巨大的经济效益，但并不是所有的产品都适合利用名人效应。企业利用名人效应进行广告宣传时需要考虑三个方面的问题，如图 5-2 所示。

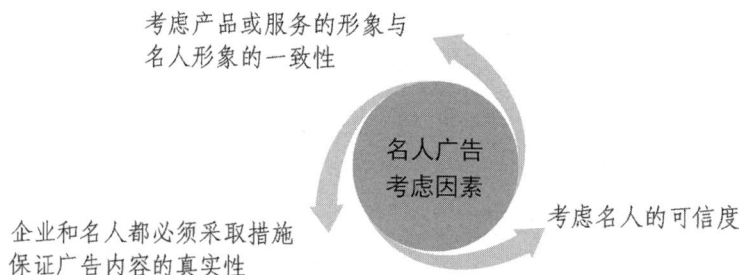

考虑产品或服务的形象与
名人形象的一致性

名人广告
考虑因素

考虑名人的可信度

企业和名人都必须采取措施
保证广告内容的真实性

图 5-2　企业利用名人效应进行广告宣传时需要考虑的问题

需要注意的是，名人效应也是一把双刃剑，除了可以带来正面效应外，也有可能带来一些负面效应，以致影响产品的销售。

（二）专家效应

专家指的是在特定专业领域接受过专业训练，具备渊博的专业知识、丰富的经验和独特专长的人。无论是医生、律师还是营养学家，他们都是各自领域的权威代表。由于他们拥有广泛的知识和经验，当这些专家介绍或推荐产品及服务时，他们的意见往往比普通人更具权威性，因此能够产生独特的公信力和影响力。

然而，在利用专家效应进行营销时，企业必须注意遵守法律规定。例如，某些国家和地区可能禁止医生为药品做广告，以避免误导消费者。此外，我们还应确保公众对专家的公正性和客观性保持信任，避免因为不当的使用或过度依赖专家意见而导致公众对专家产生怀疑。

因此，在运用专家效应时，我们需要谨慎地平衡法律限制和公众信任，以确保营销活动既有效又合法。

（三）普通人效应

利用对产品和服务满意的消费者的推荐来推广企业产品和服务，是广告策略中非常有效的一种手段。当广告中的代言人是与潜在消费者相似的普通消费者时，这种策略能够拉近企业与消费者的距离，使广告信息更容易引起消费者的共鸣。例如，巧克力豆品牌 M&M's 的 "M&M's Moments" 广告系列以普通人为主角，呈现他们与

M&M's巧克力豆的欢乐互动。这些广告中的场景和情节都贴近日常生活，让消费者感到亲切和有趣。

（四）经理型代言人效应

企业可以利用企业经理或高级管理人员的形象和影响力来推广产品或服务。消费者可能认为这些经理或高级管理人员更了解企业的运营和产品的质量，因此他们的推荐更值得信赖。一方面，经理型代言人通常具备较高的社会地位和较好的声誉，他们的出现往往代表着企业的权威性和专业性。通过经理型代言人，企业可以有效提升产品或服务的品牌形象，使其在消费者心中拥有高品质、可信赖的印象。其次，经理型代言人通常具有较大的知名度和影响力，他们的形象和言论往往能够引起消费者的关注和兴趣。最后，经理型代言人作为企业的核心管理团队成员，他们的言行往往代表着企业的价值观和理念。通过经理型代言人，企业可以向消费者传递其核心价值观和企业文化，从而增强消费者对企业品牌的认同感和归属感。

然而，需要注意的是，经理型代言人效应也存在一定的风险和挑战。例如，如果经理型代言人的形象和言行与产品或服务的特点不符，或经理型代言人存在负面新闻，可能会对品牌形象产生负面影响。因此，在选择经理型代言人时，企业需要谨慎考虑其形象、声誉和专业背景等因素，以确保其能够为企业和产品带来正面的推广效果。

第四节　意见领袖对消费者购买行为的影响

意见领袖指的是在团队中作为信息和影响的重要来源，同时能左右多数人态度和倾向的少数人。尽管意见领袖不一定是团体正式领袖，但他们因为消息灵通、见多识广，或者足智多谋，或者在某方面有出色才干，或者有一定的人际交往能力而获得大家的认可，从而成为群众或公众的意见领袖。在消费者行为学中，意见领袖特指为他人过滤、解释或提供信息的人，这类人因为对某类产品或服务持续关注，因而拥有更多的知识和经验。

在互联网时代，意见领袖通常通过自媒体平台、社交媒体等渠道分享自己的见解和经验，吸引追随者，建立起自己的个人品牌和影响力。在商业领域中，企业也经常会选择合适的意见领袖来进行营销推广和品牌宣传，以吸引更多的目标消费者。

一、意见领袖的特征

在互联网高速发展的今天，自媒体与社交媒体的盛行弱化了传统的明星代言，企业在营销活动中开始青睐各行各业的意见领袖。意见领袖的特征如下。

（一）生活经验丰富，知识面广

意见领袖通常阅历广泛，生活经验丰富，且大多数意见领袖文化程度比较高。他们具有的良好教育背景使他们能够利用更多媒介获取信息，对有关事物有更多了解，知识面广，同时也具有较强的判断能力和独到的见解，能对多种事物和现象做出合理判断和解释。

（二）交际广泛，同公众联系密切

大多数意见领袖社交能力比较强，交友广泛，社会关系丰富，同时又平易近人，易与人接触和互动，与公众联系比较密切。他们往往能为群体成员提供有益的信息和意见，因此在群体中有较高的威信和影响力。

（三）具有较高的社会经济地位

虽然意见领袖的社会经济地位不能比追随者过高，导致他们因社会经济地位相差悬殊而无法沟通，但其社会经济地位仍然相对较高，这使他们有更多的机会和资源获取信息，并对这些信息进行有效的传播。

（四）乐于创新

意见领袖通常思想活跃，性格外向，勇于创新，敢于接受新生事物。他们对新观念、新产品、新服务等常常持开放态度，并愿意尝试和推广这些新事物。

（五）在群体中具有影响力

意见领袖能够在群体中产生影响，左右多数人的态度倾向。他们不仅向群体成员提供信息，而且通过自己的态度和行为影响他人的选择和决策。

总的来说，意见领袖是具有丰富生活经验、广泛社交关系、较高社会经济地位、创新精神和影响力的个体。他们能够利用自己的资源和能力，对群体成员产生重要影响，是信息传递和影响力扩散过程中的关键角色。

二、意见领袖的作用

在产品或服务的营销方面，意见领袖扮演着非常重要的角色，在信息传播过程中起着重要作用。

（一）加工与解释信息

意见领袖首先接触大众传媒的信息，并根据自己的经验、知识和观点对这些信息进行加工和解释。他们将这些信息转化为对追随者来说更容易理解和接受的形式，从而帮助追随者更好地理解和使用这些信息。

（二）扩散与传播信息

意见领袖将经过自己加工和解释的信息传播给其他人，从而扩大了信息的传播范围和影响力。他们的传播方式往往是面对面的，这种传播方式通常比大众传媒更具有说服力和影响力。

（三）支配与引导追随者的态度

意见领袖通过自己的言论和行为，影响追随者的态度和认知。他们的观点和意见往往能够左右追随者的选择和决策，从而对其行为产生重要影响。

（四）协调或干扰大众传播

意见领袖在大众传播过程中起着协调和干扰的作用。一方面，他们可以将不同的观点和信息进行整合和协调，使追随者能够更全面、客观地了解不同观点和信息；另一方面，他们也可能对大众传播产生干扰，例如通过传播错误信息或误导性观点来误导追随者。

三、意见领袖的驱动模型

消费者的购买行为是由产品体验和外部因素共同塑造的。当消费者无法亲自体验产品时，外部因素的作用就显得尤为重要。这些外部因素包括产品信息来源、产品口碑以及产品本身的属性等。在这个过程中，意见领袖起到了至关重要的作用。他们为消费者提供并推荐产品信息，通过分享个人经验、专业知识和独到见解，影响消费者的购买决策。可以说，意见领袖的意见和推荐在很大程度上塑造了消费者的态度和行为，这种影响已经渗透到消费者购买行为的各个环节中。因此我们可以说，意见领袖对消费者行为具有驱动作用，驱动模型如图5-3所示。

首先，意见领袖通过突出功能来优化产品或服务的信息披露。在面对大量与购买无关或与个人需求不匹配的信息时，消费者往往感到困惑。因此，意见领袖承担起为消费者筛选和明确产品独特卖点的责任。在初始阶段，企业将产品的属性和特点传递给意见领袖，意见领袖再经过筛选和过滤，为特定的消费群体提供精准的信息。通过意见领袖的突出功能，这些信息被有效地传递到目标消费群体中，激发他们产生积极的购买态度。

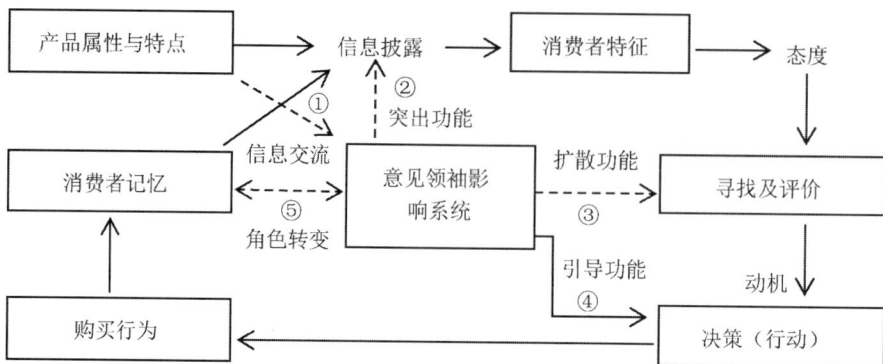

图 5-3　意见领袖对消费者行为的驱动模型

其次，意见领袖的影响系统通过扩散功能来影响消费者的评价。除了少数有消费经验的消费者外，大多数消费者在购买初期都处于探索和思考阶段。此时，他们的选择标准往往受到有消费经验的意见领袖的影响。意见领袖利用他们的专业知识和经验，为潜在消费者提供有针对性的产品评价，从而刺激和引导他们做出消费决策。

再次，意见领袖的影响系统通过引导功能协助消费者做出决策。在这个阶段，意见领袖根据消费者的需求和偏好，为他们提供建议性的购买信息，有效地引导他们的购买行为。

最后，意见领袖的驱动作用还在消费者角色转变过程中发挥关键作用。当消费者购买并使用了意见领袖推荐的产品后，他们获得了初次的使用体验。这种购买行为并不意味着结束，反而可能引发重复购买的行为。如果产品给消费者留下良好的印象，他们可能会转变为新的潜在消费者的意见领袖，引导其他具有相似需求的消费者进行购买。在这个阶段，企业应加强与意见领袖和消费者之间的信息交流，提升使用效果，为消费者创造更多价值。这不仅促使消费者从单纯的购买者转变为企业的忠诚支持者，而且能培养出一批新的意见领袖，进一步影响其他消费者的购买行为。

四、基于意见领袖的营销策略

消费者购买行为通常涉及以下核心阶段：确认需要阶段、信息收集与方案评估阶段、购后行为阶段。在这一过程中，活跃于各大社交平台的意见领袖扮演着至关重要的角色。他们不仅为消费者提供专业化的信息和独到的观点，还引导消费者进行更全面、更深入的思考。

（一）确认需要阶段

在消费者购买决策的过程中，明确需要是首要步骤。根据马斯洛的需要层次理论，人类的需要按照从低级到高级的顺序分为五个层次：生理需要、安全需要、社交需要、尊重需要以及自我实现需要。这五个层次的需要为所有产品和服务的产生提供了基础。例如，消费者购买食品、饮料和衣物等满足基本生活需要的产品都是基于生理需要的满足，而在购买汽车时会考虑车辆的安全性、稳定性和可靠性等因素，这是为了满足安全需要。

然而，消费者的需要并不总是以明显的形式呈现。在多数购买活动中，实际上是潜在需要在发挥作用。社交媒体上的意见领袖通过平台发布产品和服务信息，以推荐的方式隐性地进行产品和服务宣传。这种策略不容易引发消费者的反感。当消费者存在潜在需要时，意见领袖的引导很容易将这些需要转化为实际的需要。在这种内在需要和外部刺激的双重作用下，消费者会产生购买动机，进而采取购买行为。

（二）信息收集与方案评估阶段

一旦消费者确认了购买需要，他们便会进入信息收集阶段，以便更全面地了解产品和服务。对于热门产品和服务，消费者的兴趣通常很浓厚，他们会积极主动地通过各种渠道收集、评估相关信息。在对比不同品牌产品和服务的差异后，消费者最终会做出购买决策。

在以往的传统媒体时代，信息收集和方案评价对消费者来说是一项既耗时又耗力的工作，需要投入大量的人力、物力和财力。特别是其中的时间成本，往往难以准确估量。但随着社交媒体时代的到来，消费者获取信息的途径变得既多样化又便捷化。

如今，消费者可以通过社交媒体轻松获取大量的产品信息、用户评价和使用经验。这使得他们能够更快速、更准确地做出购买决策，大幅减少信息收集和方案评估耗费的时间和精力。同时，社交媒体上的意见领袖也发挥着重要作用，他们提供的专业信息和独到观点，进一步促使消费者做出购买行为。

基于社交媒体，消费者主要通过以下三种途径获取产品信息，如图 5-4 所示。

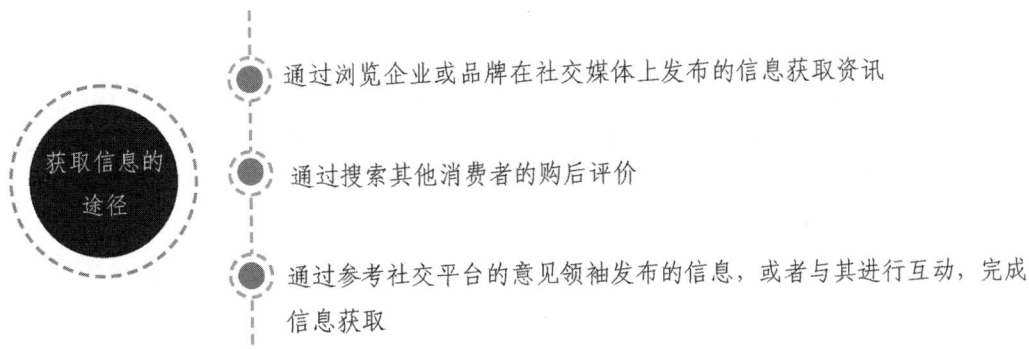

- 获取信息的途径
  - 通过浏览企业或品牌在社交媒体上发布的信息获取资讯
  - 通过搜索其他消费者的购后评价
  - 通过参考社交平台的意见领袖发布的信息，或者与其进行互动，完成信息获取

图 5-4　消费者获取产品信息的三种主要途径

在消费者购买行为中，意见领袖的影响力尤为显著，甚至可以说是三种方式中对消费者影响最大的。这主要源于两方面的原因。

一方面，意见领袖通常对自己擅长领域内的产品拥有深入的了解和丰富的知识。他们在长期关注、体验、分享的过程中，不仅积累了大量的产品信息，而且形成了独到的见解和评价。这使得他们在消费者心中树立了权威性的形象，消费者往往将他们的观点和建议视为重要的参考。

另一方面，与企业发布的信息相比，消费者更愿意相信从意见领袖处获取的资讯和评价。这主要是因为意见领袖与消费者之间建立了一种信任关系。他们的推荐和评价往往更加客观、真实，不带有明显的商业色彩，因此更容易获得消费者的认同和信任。在消费者心中，意见领袖传播的信息更具有可信度，对购买决策的影响也更大。

（三）购后行为阶段

消费者在完成购买并使用产品后，会有一系列的后续行为，包括对产品满意或不满意，以及是否愿意重复购买或选择其他品牌的产品。在这一过程中，社交平台上的意见领袖发挥着重要的作用。

意见领袖能够降低消费者的感知风险和决策风险。消费者可以通过社交平台的反馈机制与意见领袖进行实时的互动和沟通，获取他们的反馈和建议。这不仅能够及时消除或降低消费者在购后可能产生的不协调感，从而降低他们的不满意程度，而且能够让消费者更加确信自己的购买决策是正确的，从而提高他们的满意程度。

随着互联网的普及和深入，越来越多的意见领袖活跃在社交媒体平台上，他们参与消费者的购买决策过程的频率也在不断提升。因此，企业不能忽视社交媒体营销以及意见领袖的力量。这对于企业产品的推广和品牌的发展至关重要。

意见领袖作为企业营销传播过程中的一个重要因素，是对传统广告策略的一种有益补充。通过人际传播的方式，企业可以借助意见领袖的影响力提高消费者对产品的认识和理解，增强他们对产品的信任感，从而有效地影响消费者的购买行为。

本章小结

群体是指一定数量以上的人通过一定的社会关系结合起来进行共同活动并产生相互作用的集体。在消费群体中，个体之间通过相互作用和相互影响，形成了独特的群体心理现象，包括从众、模仿、流行和暗示等。

消费群体可以划分为婴幼儿消费群体、少年儿童消费群体、青年消费群体、中年消费群体、老年消费群体。深入了解不同年龄、性别的消费群体有助于企业把握市场趋势，挖掘潜在商机。

参照群体在消费者的决策过程中扮演着举足轻重的角色，而消费者的决策又在很大程度上决定了其购买行为。参照群体对消费者的影响，通常表现为信息性影响、规范性影响、价值性影响等三种形式。

意见领袖指的是群体中信息和影响的重要来源，同时能左右多数人态度和倾向的少数人。在商业领域中，企业经常会选择合适的意见领袖来进行营销推广和品牌宣传，以吸引更多的目标消费者。

复习与思考

一、简答题

1. 简述消费群体对消费心理的影响。

2. 青年消费群体有哪些消费心理特征？

3. 意见领袖有哪些特征？

二、案例分析

快时尚品牌的消费心理与行为

在当代社会，快时尚品牌如 Zara、H&M 和优衣库等迅速崛起并成为年轻消费者尤其是都市职场新人的购物首选。这些品牌以快速反应市场趋势、提供时髦且价格亲民的服饰而闻名，它们通常位于繁华商圈的核心地带，并通过线上商城辐射更广泛的消费群体。

快时尚品牌的消费群体主要包括年轻的职场新人，他们对时尚敏感，希望以合理的价格保持自己的衣着风格与潮流同步，也包括大学生，他们追求性价比，喜欢频繁更换造型，对新鲜事物有很高的接受度，还包括时尚潮人，他们追求独立和个性，希望通过穿着展现自我风格。

快时尚品牌之所以能够在市场上取得成功，关键在于它们深刻理解了目标消费群体的心理和行为模式，并据此设计出符合消费者期望的产品。为了持续吸引消费者，快时尚品牌需要不断创新，同时保持对市场趋势的敏感度，通过有效的营销策略来推动消费者的购买决策。随着可持续消费观念的兴起，快时尚品牌也面临着环保和社会责任的挑战，如何平衡成本、时尚、品质与可持续发展，将是快时尚品牌未来面临的一个重要课题。

讨论：你认为快时尚品牌的消费群体的消费心理及行为主要有哪些特征？请对该消费群体的消费心理、消费行为展开分析。

三、项目实训

1. 实训目标

（1）了解并识别不同的消费群体。

（2）分析消费群体的心理特征和消费行为。

（3）应用理论知识解决实际问题，提出针对性的市场营销策略。

2. 实训要求：以团队（4～6 人）任务的形式完成消费群体与消费心理及行为分析。

3. 实训内容

（1）消费群体划分：根据年龄、性别、职业、收入水平等因素对市场进行细分，确定目标消费群体。

（2）消费心理分析：探究群体的消费动机、购买态度、品牌偏好、生活方式等心理因素。

（3）消费行为研究：分析消费者的购买频率、购物渠道选择、产品使用情况等行为模式。

（4）案例分析：结合具体案例，深入探讨消费心理和行为之间的关系及其对企业市场营销策略的影响。

（5）策略制订：基于分析和研究结果，设计适合目标消费群体的市场策略。

4. 实训成果及考核要求

（1）完成消费群体的详细分析报告，包括心理和行为特点。

（2）提出基于研究结果的市场营销策略。

（3）撰写实训报告，归纳实训过程，总结学习成果。

第六章 产品、价格与消费者心理及行为

```
                                                              ┌─ 产品命名的原则
                                          ┌─ 产品命名与 ──────┤
                                          │   消费者行为       └─ 产品命名的方法
                        ┌─ 产品命名、商标 ──┤
                        │   设计与消费者行为  │                   ┌─ 商标的作用
                        │                  └─ 商标设计与 ───────┤
                        │                      消费者行为        └─ 商标设计的心理要求
                        │
                        │                                       ┌─ 含义
                        │                     ┌─ 产品包装的 ────┤
                        │                     │   含义及作用      └─ 作用
                        │                     │
                        │                     │                 ┌─ 便携性
                        ├─ 产品包装设计与 ──────┤                 │─ 安全性
                        │   消费者行为          │   产品包装      │─ 艺术性
                        │                     └─ 设计的 ────────┤─ 针对性
  产品、价格与 ──────────┤                         心理要求        └─ 统一性
  消费者心理及行为        │
                        │                     ┌─ 产品价格的含义
                        │                     │
                        ├─ 产品价格的 ─────────┤                 ┌─ 衡量产品价值和质量的功能
                        │   心理功能            └─ 价格的心理功能 ─┤─ 自我意识比拟功能
                        │                                        └─ 调节需求功能
                        │
                        │                     ┌─ 尾数与整数 ────┌─ 尾数定价策略
                        │                     │   定价策略        └─ 整数定价策略
                        │                     │
                        │                     │─ 价值与招徕 ────┌─ 价值定价策略
                        └─ 产品定价的 ─────────┤   定价策略        └─ 招徕定价策略
                            心理策略           │
                                             │─ 对比与差别 ────┌─ 对比定价策略
                                             │   定价策略        └─ 差别定价策略
                                             │
                                             └─ 习惯与梯子 ────┌─ 习惯定价策略
                                                 定价策略        └─ 梯子定价策略
```

知识目标

- 了解产品命名、商标设计对消费者行为的影响。
- 了解产品包装设计对消费者行为的影响。
- 理解产品价格对消费者心理的影响。
- 掌握产品定价的心理策略。

能力目标

- 能够根据消费者行为分析正确进行产品命名、商标设计和包装的营销策略。
- 能够根据产品定价的心理策略完成产品定价。

素养目标

- 了解产品对消费者行为的直接影响，树立依法合理开展产品营销策略的意识。
- 了解市场、消费者与价格三者的关系，树立合法合规定价意识。

情境导入

椰树牌椰汁包装设计风格

一提到椰汁，大多数人都会想到椰树牌椰汁。椰树牌椰汁在中国的地位不用赘述，它一直稳居国民最爱饮料的榜单中。就像一直争论不休的甜咸粽子、甜咸豆腐脑一样，坊间还有约定俗成的"北方喝露露，南方喝椰汁"的说法。每到大型节假日期间，超市里陈列的椰树牌椰汁都会被消费者热情抢购。在国外，椰树牌椰汁也是人们追捧的饮料。日本系列剧《孤独的美食家》中，男主角坐在路边喝完了一罐椰树牌椰汁；在韩国，一位知名美妆博主也专门录制过一个视频来推荐椰树牌椰汁。

人们都说椰树牌椰汁真的好喝，而它的包装也绝对在产品界是独一无二的存在。2018年初，椰树牌椰汁按照惯例更换了包装上的广告语，从原来的"29年坚持在海南岛"变成了"30年坚持在海南岛"。也就是说，如果消费者想购买2018年1月1日之后生产的椰树牌椰汁，只用看看包装上的广告语就行了。包装上的每句话似乎都是诚意满满的大实话，如"正宗""不加香精""新鲜椰子肉""海南特产"等。这给消费者造成的印象是，设计师致力于将所有既严谨又耿直的文案都堆砌在包装上。至今，椰树牌椰汁的设计已经成了一种全新的设计风格，这种新奇的包装和每年持续升高的销售量，使椰树牌椰汁称得上是中国的未解之谜之一了。

通过椰树牌椰汁的成功，我们可以看出，产品作为直接联系企业与消费者的桥梁，其命名、商标、包装和定价等要素都在不同程度上对消费者的购买行为产生着影响。为了确保营销工作的成功，企业必须紧密围绕消费者的心理和行为来制订和实施相应的心理策略。这意味着，企业需要深入了解消费者的需求、偏好和疑虑，通过精心策划的产品命名、商标设计、包装创新和定价策略，打破消费者心中的疑虑，激发他们的购买欲望，并引导他们做出购买决策。

第一节　产品命名、商标设计与消费者行为

产品命名及商标设计等因素都对消费者行为产生着重要影响。产品命名是产品的有机组成部分，一个优秀的产品命名可以迅速吸引消费者的注意力，缩短产品推广的时间，促进产品的销售。同时，一种产品的畅销，很大程度上依靠该产品商标在消费者心中所呈现的积极的品牌形象。产品的商标往往会被视作产品的第二生命。正确认识商标的作用，考虑产品特色，将丰富的信息浓缩于商标中，最大限度发挥商标的号召力和影响力，是企业需要重点考虑的问题。

一、产品命名与消费者行为

产品命名是品牌形象的重要组成部分。命名的选择应该与产品的特点、定位以及目标市场相契合，以塑造独特的品牌形象。一个与品牌形象相符的产品命名可以增强消费者对品牌的认同感和忠诚度。

（一）产品命名的原则

产品命名的原则是一套指导规范，确保产品命名能够有效地传达产品的核心价值和特点，同时符合市场、文化和法律要求。在进行产品命名时，企业需要注意以下基本原则。

（1）简洁明了

命名应该简短，易于理解和记忆。避免使用冗长或复杂的词汇。一个好的命名应该能够在瞬间传达产品的核心信息。

（2）具有独特性

产品名称应该具有独特性，以便在市场上与其他产品区分开来。这有助于增强产品的辨识度，便于消费者记忆。

（3）命名与产品具有相关性

命名应该与产品的功能、特点或行业相关。它应该能够反映产品的核心价值，使消费者能够轻松理解产品的用途或优势。

（4）易于读写

命名应该易于读写，避免使用生僻字或难以理解的词汇。这有助于确保消费者在传播或分享时不会遇到困难。

（5）符合品牌形象

产品命名应该与品牌形象和定位相契合。它应该能够反映品牌的价值观、理念或目标市场消费者的消费心理。

（6）避免负面含义

在选择名称时，企业要确保产品在所有目标市场中都没有负面含义或歧义。这需要企业进行充分的市场调研和跨文化分析。

（7）具有可搜索性

企业需要考虑产品命名在搜索引擎中的表现。选择一个易于搜索的命名，有助于提高产品的曝光率和可见度。

（8）具有可扩展性

随着产品线的扩展或市场的变化，产品命名应该具有一定的可扩展性。企业需要确保产品命名在未来仍然适用，不会限制产品的发展。

（9）考虑文化敏感性

考虑到不同国家和地区的文化差异，企业需要确保产品命名在不同市场中都能被接受和认可。

（10）符合法律规定

企业需要确保名称在法律上是合规的，没有侵犯他人的商标或版权。此外，企业还要进行充分的法律审查，以避免未来可能发生的法律纠纷。

（二）产品命名的方法

（1）描述性命名

这种命名方法直接描述产品的主要成分、特征、用途或好处。例如，产品命名中的"防晒霜"直接描述了产品的功能，"红烧牛肉面"突出了产品的成分等。这种方法的优点是简单明了，但可能缺乏独特性和创意。

（2）隐喻或象征性命名

这种命名方法指的是使用隐喻或象征来表达产品的特征或价值。例如，电子产品品牌"苹果"这个命名既独特又富有创意，同时传达了产品简洁、易用的特点。

（3）创新词汇命名

这指的是创造全新的词汇来为产品命名，这种方法可以突出产品的独特性。例如，"谷歌"就是一个自创的词汇，现在已成为搜索引擎的代名词。

（4）以人名或地名命名

这指的是使用人名、地名或其他专有名词来命名产品。这种方法可以增强产品的亲切感和认同感。例如，"福特"汽车就是以创始人亨利·福特的名字命名的。

（5）以缩写或首字母缩略词命名

这指的是使用产品全称的缩写或首字母缩略词来命名。这种方法可以使名称更简洁、易记，例如，"IBM"就是"International Business Machines"的缩写。

（6）以情感表达命名

这指的是通过名称传达某种情感或感觉，以激发消费者的共鸣，例如，"可口可乐"这个名字传达了快乐、愉悦、美味的感觉。

（7）结合多种方法命名

我们可以结合上述多种方法来命名产品。例如，一个化妆品品牌可能同时使用描述性命名（如"保湿霜"）和创新词汇命名（如"润透肌"）。

二、商标设计与消费者行为

商标是用于标识和区分产品或服务来源的标志，通常由文字、图形、字母、数字、颜色、声音或这些元素的组合构成。使用商标的主要目的是帮助消费者识别并区分不同生产者或经营者提供的产品或服务。

（一）商标的作用

产品的畅销在很大程度上依靠其商标在消费者心中所建立的品牌形象，可以说商标是产品的第二生命。由此可见，正确认识商标及其作用，合理地设计商标，是提升产品竞争力的重要一环。

1. 标识产品或服务

商标的最基本功能就是标识产品或服务的来源，帮助消费者区分不同的生产者或经营者。这使得消费者能够根据自己的喜好和需求，选择并购买到心仪的产品或服务。

2. 塑造和传播品牌形象

商标是品牌形象的核心组成部分，代表着企业的信誉和形象。一个独特、易于识别的商标有助于提升消费者对品牌的认知度和忠诚度。例如，部分消费者会坚持数年如一日地使用某一品牌的产品，当消费者面对货架上琳琅满目的产品时，醒目的商标是他们做出判断的重要依据。通过商标的不断使用和宣传，企业的品牌形象得以塑造和传播，进而提升企业的市场竞争力。

3. 寻求法律保护

注册后的商标享有法律上的独占权，可以防止他人非法使用或模仿，保护企业的合法权益。这为企业的发展和创新提供了法律保障，降低了因侵权行为带来的损失和风险。

4. 体现商业价值

商标作为企业的重要资产，具有一定的价值。通过商标的转让、许可等商业活动，企业可以实现商标的价值最大化，为企业的发展提供资金支持。

5. 促进销售和市场推广

商标作为产品或服务的标识，可以帮助消费者快速识别并选择购买。一个知名度高、口碑良好的商标可以吸引更多消费者的关注，激发他们的购买意愿，从而促进销售和市场推广。

6. 管控产品质量

商标与产品一同代表着企业的形象和声誉。商标的美誉度和知名度意味着该品牌在行业中的影响力，企业要维护自身品牌的影响，必须尽力维护商标的影响，即必须尽力维护自身产品的质量，不可随意以次充好、降低质量标准。因此，商标能起到帮助企业管控产品质量、保护消费者权益的作用。

（二）商标设计的心理要求

1. 生动形象，简单易记

一般情况下，企业会选用简洁明了、易读易记的字符，以及有视觉冲击力、易于识别的图案来设计商标，这样的商标能够在短暂的视觉传播过程中，比较准确地传递产品的相关信息，给消费者留下清晰的印象。例如，阿里巴巴的商标由一个简单的字母"a"和汉字"阿里巴巴"组成（见图 6-1），这个商标设计简洁而醒目，与阿里巴巴品牌的电商和互联网属性紧密相连。同时，"a"字母也代表了阿里巴巴的全球化、多元化、个性化的战略方向。

图 6-1　阿里巴巴商标

2. 造型独特，文字简洁

为了提升消费者对商标的喜爱度，并塑造品牌的美好形象，我们需要精心设计富有艺术感染力、造型优雅、构图和谐的商标图案。这样的商标能迅速吸引消费者的目光，令他们过目不忘，反复品味，满足他们的审美追求。例如，运动品牌 361 度的商标独特而醒目，传达了 361 度品牌专注于运动、健康和年轻时尚的市场定位，如图 6-2 所示。

图 6-2　361 度商标

3. 与时代潮流相结合

商标的设计如果能够融入时代元素，反映社会的潮流趋势，将更能吸引消费者的目光。特别是当商标设计能够结合特定的时代特点，充满时代气息，甚至蕴含一定的社会政治意义时，它将更能激发消费者的购买热情，赢得消费者的喜爱和认可。例如，星巴克的商标采用了美人鱼图案，既体现了品牌的优雅和品味，又传达了其对环保的承诺，如图 6-3 所示。

图 6-3　星巴克商标

4. 与产品特质相协调

商标不仅是产品信息的提炼和精确表达，而且是产品的象征和代名词，具有提示和强化的作用。因此，商标需要精准地体现其所代表的产品的性质和特点，突出产品的独特性和价值，以便消费者能够快速地识别和记忆，从而建立起品牌的认知度和忠诚度。例如，五粮液的商标设计采用了其产品的主要原料——粮食的图案。这个商标设计传达了五粮液品牌对产品原料的严格把控和精湛酿造工艺的传承，如图 6-4 所示。

图 6-4　五粮液商标

5. 与民风民俗、法律法规相适应

在当今全球化的社会中，产品需要进入更广阔的国际市场。因此，对于不同国家和地区的法律法规、风俗习惯和文化差异，我们不可忽视。例如，瑞典国旗的配色以蓝色为主，蓝色在瑞典是比较神圣的颜色，所以，如果企业想在瑞典注册商标，是不能采用蓝色作为基础色的；意大利人忌用菊花作为商标图案，这是因为意大利人把菊花当作葬礼专用的花，他们把菊花与死亡联系在一起。在商标设计中，我们需要特别小心图文元素可能引发的歧义及违规行为，以确保商标在目标市场能得到正确的解读并被消费者接受，从而帮助品牌更好地参与全球市场竞争。

第二节　产品包装设计与消费者行为

一、产品包装的含义及作用

（一）产品包装的含义

产品包装是指在产品运输、储存、销售等流通过程中，为了保护产品、方便储存和促进销售，按一定技术方法而采用容器、材料和辅助物等为产品所附的装饰的总称。这种包装不仅有利于保证产品的安全和质量，而且能很好地保护产品的仓储者、运输者、销售者和消费者的合法权益。

此外，产品包装也是产品策略的重要内容，具有识别、便利、美化、增值和促销等功能。它是产品不可分割的一部分，只有当产品包装完成后，生产过程才算结束。

（二）产品包装的作用

产品包装是一项技术性和艺术性很强的工作，产品包装要达到显示产品的特色和风格，与产品价值和质量相匹配，包装形状、结构、大小应为运输、携带、保管和使用提供方便等目的。成语"买椟还珠"中就有这样一个细节：商人为了让珠宝更好卖，特地请木匠制作了精美的盒子来装珠宝，最终买家只买了盒子而没有买珠宝。这个成语原本是教育人要取舍得当，不能像那个买家一样只注重事物的外表，而忽略事物的本质。从另一个角度看，这说明了精美的包装对于提升产品吸引力的重要性。包装的重要性可见一斑。

1. 保护产品

包装的首要功能是保护产品免受物理损害，如震动、碰撞、尘土、水分等。适当的包装可以确保产品在运输、储存和销售过程中保持完好。

2. 提高产品吸引力

合适而精美的包装可以增强产品的视觉吸引力，激发消费者的购买欲望。良好的包装设计还可以帮助产品在货架上脱颖而出，在竞争中取胜。

3. 传达产品信息

包装上的文字、图形和标签可以向消费者传达产品的关键信息，如品牌、成分、使用方法、生产日期和保质期等。这有助于消费者了解产品并做出购买决策。

4. 促进销售和品牌识别

独特的包装设计可以帮助消费者识别和记住品牌，从而增强品牌的知名度和忠诚度。此外，包装还可以作为促销工具，通过特别设计或附加赠品等方式吸引消费者购买。

5. 提升产品价值

高品质的包装可以提升产品的整体价值感，使消费者愿意支付更高的价格。同时，良好的包装也可以增加产品的附加值，提高消费者的满意度。

6. 提高环保性和可持续性

在现代社会中，越来越多的企业开始关注包装的环保性和可持续性。通过使用环保材料、减少包装废弃物和推动循环利用等方式，企业可以降低包装对环境的影响，并提升品牌形象。

二、产品包装设计的心理要求

（一）便携性

企业在设计产品的包装时，需要从消费者的角度出发，考虑产品在携带、开启、使用和存储阶段的便捷性。因此，为了满足以上需求，在产品包装设计阶段，企业需要根据产品的不同特性，采用不同的包装方式。

例如，能量棒采用单个独立包装的设计，每个能量棒都有自己的小包装，这种设计方便消费者随身携带，无论是在户外运动、工作间隙还是旅行中，消费者都可以轻松地拿出一个能量棒来补充能量；方便面、速食汤等食品，它们的包装设计往往考虑到便携性，通常，这些食品会被放在一个紧凑的纸盒或塑料袋中，内部有分隔，使得各种配料和调料能够整齐地摆放，此外，很多即食食品包装内部还会配备餐具，方便消费者在任何地方都能方便地享用；很多咖啡品牌为了满足消费者在户外享用咖啡的需求，设计了便携式咖啡包装，这种咖啡杯通常配有可拆卸的盖子，方便消费者饮用，同时也能防止咖啡溅出。

（二）安全性

产品包装的安全性是保护产品质量和消费者安全的重要因素。消费者在购买和使用产品时会关注包装的安全性，选择符合标准和法律规定的产品。因此，包装设计应考虑保护产品免受损坏、污染或泄露，同时确保消费者在使用过程中的安全。

例如，一些化妆品瓶盖采用特殊设计，如旋转锁定盖或儿童安全盖，以防止瓶盖意外打开或泄漏。这种设计既可以防止化妆品在存储和使用过程中的泄漏和浪费，同时也确保了消费者的安全。再如，许多美发产品如定型喷雾，包装上都有警示标识。

（三）艺术性

通常，新颖独特、别出心裁的产品包装更能吸引消费者的目光。企业通过不断创新和推陈出新，使包装设计满足消费者追求新鲜和个性的心理需求。同时，结合装饰艺术的表现手法，企业还可以使包装的造型更加美观大方，图文更加生动明快，色调更加清新怡人。这样的包装设计不仅能够激发消费者的兴趣，而且能提升产品的品牌形象和市场竞争力。

例如，可口可乐混合系列的包装设计上，采用了过去与未来结合的设计手法，既体现了新产品的无畏新生，又容易激发消费者的怀旧情绪。其瓶子设计独特，带有球形颈部的直边瓶子非常醒目，这种复古风格的瓶子设计体现了艺术性和历史感，如图 6-5 所示。

图 6-5　可口可乐混合系列包装设计

（四）针对性

产品的包装设计需要紧密贴合目标消费者的喜好，以激发他们内心的美好情感。由于每个人的个性心理和社会经历各不相同，人们对于同一产品包装可能会有不同的理解与感受。这就要求包装设计师在创作过程中保持高度敏感，全面考虑目标市场的各种因素。包装设计师需要深入了解不同消费者的爱好与忌讳，以便在包装设计中准确地传递出符合他们需求的信息。通过有针对性的设计，产品包装可以更有效地吸引目标消费者，增强产品的市场竞争力。

例如，乐高玩具的包装设计常常以产品的主题为基础，比如星球大战、哈利·波特等。包装上的图案和色彩会直接引发消费者的联想，让他们想起与玩具相关的故事和场景。同时，这种设计也针对乐高玩具的主要受众——儿童及其家长，通过他们熟悉的角色和故事来吸引他们购买，如图 6-6 所示。

图 6-6 乐高玩具包装设计

（五）统一性

产品包装设计应确保形式与内容、包装形象与产品形象之间的和谐统一。高档产品一般采用与其价值相符的包装装潢、材料和结构，以满足消费者对品质的追求；而日常用品的包装则可以相对简约，突出实用性和便利性。对于常作为礼品的产品，包装不仅要体现物品的价值，而且应融入送礼者的美好祝福。过度装饰会显得华而不实，可能掩盖产品本身的特点；而包装过大或过小，又可能让消费者感到被误导或不被尊重。

例如，旺旺将仙贝、雪饼、牛奶糖等经典系列产品的包装设计进行了统一规划，以红色和黄色为主色调设计新的包装，这个设计既符合品牌的传统形象，又显得活力满满。同时，在重要的节日，如春节、中秋节等，旺旺会推出相应的限定版包装。这些包装通常会融入节日元素和色彩，如春节的红色、鞭炮、对联等，中秋节的月亮、兔子、月饼等。这种设计不仅增强了产品的节日氛围，而且使得消费者更加愿意购买和将它们作为礼品，如图 6-7 所示。

知识拓展 6-1
哈根达斯
为什么这么贵？

图 6-7　旺旺大礼包包装设计

第三节　产品价格的心理功能

一、产品价格的含义

产品价格是产品价值的货币表现形态，它体现了产品和货币的交换关系，是产品和货币交换比例的指数。在商品经济条件下，产品的价值是由生产这种产品所耗费的社会必要劳动时间决定的，但社会必要劳动时间又无法直接表示产品价值，而只能间接地和相对地表现在某种产品同另一种产品交换的比例上。

产品价格受多种因素影响，包括价值、供求关系、市场竞争等。价值是价格的基础，价格反映价值，但价格也会围绕价值上下波动，这取决于供求关系的变化。当供大于求时，价格可能下跌；当供不应求时，价格可能上涨。此外，市场竞争也会对价格产生影响，企业为了争夺市场份额可能会采取降价策略。

二、价格的心理功能

产品价格对消费者心理的影响以及这一过程中所产生的价格心理现象，即为产品价格的心理功能，这一心理反应直接影响着消费者的消费行为。

（一）衡量产品价值和质量的功能

消费者对产品的第一印象往往与价格相关。高价产品通常被认为质量更好，而低价产品则可能被视为质量较差或缺乏某些优势。这种心理认知会影响消费者的购买决策，促使他们选择价格较高的产品，尤其是当消费者对产品品质、性能缺乏足够了解时。

（二）自我意识比拟功能

消费者在购买产品时，会将自己的社会地位、经济收入和个性心理与产品价格联系起来。他们可能会选择购买符合自己身份和地位的产品，以展示自己的成功和财富水平。同时，价格也会影响消费者对产品的心理预期和信任感。高价产品往往被认为更有保障，能够提供更好的使用体验和服务，从而增强消费者的购买信心和忠诚度。

（三）调节需求功能

当价格上涨时，消费者的购买需求可能会下降，因为他们可能会认为价格过高而不愿意购买；当价格下降时，消费者的购买需求可能会增加，因为他们认为价格更加合理或划算。但消费者有时候也存在追涨等跌心理，有时候人们往往表现出逆向的行为，当产品价格普遍提高时，消费者会由于担心未来价格会持续攀升而增加即期需求；当产品价格不断降低时，消费者可能会因为担心未来价格继续下降而减少即期需求。这种价格调节机制有助于平衡市场供求关系，保持市场的稳定和健康发展。

第四节　产品定价的心理策略

产品定价的心理策略是企业在确定产品价格时，运用心理学的原理和方法，以深入了解和把握消费者的购买心理为基础，从而制定更能吸引和满足消费者需求的价格策略。产品定价的心理策略核心在于通过理解和影响消费者的心理感知，使他们对产品价格产生积极的认知，进而促进购买行为的发生。

一些常见的产品定价心理策略包括尾数与整数定价策略、价值与招徕定价策略、对比与差别定价策略、习惯与梯子定价策略等。然而，需要注意的是，产品定价的心理策略并非一成不变，而应随着市场环境、消费者需求以及企业竞争策略的变化而灵活调整。同时，企业在运用这些策略时，也需要遵守法律法规和道德规范，确保定价的公正性和合理性。

一、尾数与整数定价策略

（一）尾数定价策略

尾数定价，又称非整数定价，是一种在产品定价时倾向于选择非整数、带有尾数的价格策略。这种策略巧妙地运用心理学原理，让消费者在潜意识中感受到产品价格的亲民和实惠，从而产生强烈的购买冲动。尾数定价策略的魅力在于其隐含的暗示效应，它无声地告诉消费者，这个价格是经过商家精心计算和权衡的，因此具有较高的可信度。

实际上，大量的市场调查显示，价格尾数的微小差异往往会对消费者的购买决策产生意想不到的影响。比如，消费者可能会觉得标价为 198 元的产品比 200 元的产品便宜得多，尽管两者仅相差 2 元。同样地，202 元的产品可能会让消费者觉得价格更高。

尾数定价策略之所以受到广泛欢迎，主要有以下原因。

1. 尾数定价能够为消费者营造出产品价格偏低的错觉

当某种产品定价为 49.9 元时，消费者往往会认为这只是 40 元左右，因此感觉它更为经济。相反，如果同样的产品定价为 50 元，消费者可能会觉得这是 50 元左右的产品，并感觉价格偏高。

2. 尾数定价能满足消费者的特定心理需求

在不同的文化背景下，消费者对某些数字可能有着特殊的偏好或忌讳。例如，在东方文化中，"8"被视为寓意吉祥的数字，代表财富；"6"则象征着和谐与顺利；而"9"则代表长长久久。因此，商家在定价时巧妙地运用这些数字，可以迎合消费者的心理预期，提高产品的吸引力。同样地，在西方文化中，数字"7"往往被视为幸运的象征，而"5"和"3"则可能被视为不吉利的数字。因此，商家在使用尾数定价策略时，需要充分考虑目标市场消费者的文化背景和消费习惯。

（二）整数定价策略

整数定价策略，也被称为"方便定价法"或"一口价定价法"，是一种基于价格不变的定价策略。在这种策略下，产品的价格被设定为整数，不论其需求或成本如何变化。整数定价策略在多个行业中都很流行，特别是实体零售行业，如食品、日用品和服装。企业采用这种策略的目的是获得便利，方便消费者进行价款找零，同时也有助于增强消费者对产品的记忆，强化产品形象的塑造。

高档手袋、珠宝、手表等奢侈品往往采用整数定价策略，以强调其高端、尊贵的形象。价格如 10000 元、20000 元等，更能彰显产品的稀缺性和价值。汽车是另一个常见的使用整数定价策略的行业。汽车价格通常以万元为单位，不带小数，这样有利于消费者进行记忆和比较。

二、价值与招徕定价策略

（一）价值定价策略

价值定价策略也被称为声望定价策略，是一种基于消费者对品牌或产品的信任与声望而为产品定价的策略。在这种策略下，产品价格往往高于市场平均水平，以反映产品的高品质、独特性或品牌的高端形象。这种策略的核心在于利用消费者对特定品牌或产品的信任感，使他们愿意支付更高的价格以获取这些产品所带来的价值。

在实施价值定价策略时，企业通常需要具备以下几个条件：首先，品牌或产品必须拥有独特的卖点或优势，能够吸引消费者的关注和信任；其次，企业需要具备高品质的生产和服务能力，以确保产品能够满足消费者的期望；最后，企业需要通过有效的市场推广和品牌建设活动，提升品牌知名度和美誉度，从而增强消费者对产品的信任度，强化消费者的购买意愿。

奢侈品通常以其高品质、独特设计、限量生产等因素吸引消费者，因此采用价值定价策略是非常合适的。奢侈品品牌通过设定高价来彰显其尊贵、稀缺和独特的品牌形象，满足消费者对奢侈品的社会认同和心理满足感。在某些专业服务领域，如法律咨询等，服务提供商凭借其专业知识和经验，可以为消费者提供高质量的服务。这些服务提供商通常会采用价值定价策略，根据其服务的质量和独特性来设定价格。

（二）招徕定价策略

与价值定价策略相反的是招徕定价策略，是一种有意将少数产品或服务的价格定得低于市场平均水平，甚至低于成本的定价方法，以吸引大量消费者前来购买，从而带动其他产品或服务的销售。这种策略通常用于吸引消费者的注意力，让他们对产品或品牌产生兴趣，并希望他们通过购买其他产品来弥补特价产品低价带来的损失。

在超市等零售场所，招徕定价策略常被用于吸引消费者进店。例如，商家可能会将一些日用品或食品以低于成本的价格销售，希望通过这些特价产品吸引消费者进店购买其他产品。在餐饮业中，招徕定价策略常用于套餐销售。例如，餐厅可能会推出价格较低的套餐，吸引对价格敏感的消费者。这些消费者可能会因为套餐的实惠价格而选择该餐厅，进而增加餐厅的客流量和整体销售额。在在线购物平台，招徕定价策略常用于吸引用户点击和购买。商家可能会将某些产品的价格定得极低，甚至低于成本，以吸引用户点击和浏览。一旦用户进入店铺或网站，他们可能会浏览并购买其他产品，从而增加销售额。电影院也常采用招徕定价策略，如"买一赠一"或"特价观影"等活动。这些活动可以吸引更多的观众前来观影，即使他们只需要购买一张电影票。电影院可以通过销售爆米花、饮料等附加产品来弥补特价电影票造成的损失。

实施招徕定价策略时，企业需重点关注以下三个方面。

1. 产品的选择

这些产品要能吸引消费者的注意力，企业还要确保它们的价值不会过高，以免大量低价销售给企业带来过大的损失。这样既能保证企业的利润，又能有效吸引消费者。

2. 库存的保证

如果供应不足，消费者无法购买到特价产品，他们可能会感到被欺骗，这会损害企业的形象和声誉。因此，商家需要提前预测需求，确保库存充足。

3. 将特价转化为购买力

当消费者因为特价产品而进入商店时，商家应该采取措施分散他们的注意力，例如将特价产品放置在店铺深处或在现场增加其他产品的广告，引导消费者浏览更多产品，增加销售额。

总而言之，实施招徕定价策略时，商家需要谨慎挑选特价产品，确保库存充足，有效引导消费者的注意力。只有在这些方面做到位，商家才能实现吸引消费者并增加销售额的目标。

三、对比与差别定价策略

（一）对比定价策略

对比定价策略，是指商家将某种产品与一个价格更高的同类产品或竞争品牌产品放置在一起，并为前者设定一个适中而低廉的价格。这种策略基于孤立效应，即产品在与其他更昂贵的产品相邻时，会显得更具吸引力。

在运用对比定价策略时，商家需要注意以下几点。

1. 合理设定标准价格和实际价格

标准价格应该高于实际价格，但也不能过高，以免让消费者觉得实际价格也不合理。同时，实际价格应该具有竞争力，能够吸引消费者购买。

2. 突出价格差异

商家可以通过明显的标识或文字说明来突出标准价格和实际价格之间的差异，让消费者更容易感受到优惠。

3. 注意与市场需求相匹配

商家在运用对比定价策略时，需要考虑市场需求和竞争状况，确保定价策略与市场环境相匹配。

例如，某知名汽车品牌推出了一款新型豪华汽车，并决定采用对比定价策略来推广这款产品。在这款新车的定价策略中，该品牌设置了一个标准价格，这是一个相对较高的价格，但并非不合理。然后，他们通过一系列的促销活动和特别优惠，为这款新车设定了一个相对较低的实际价格。这些优惠可能包括折扣、免费升级、延长保修期等。在广告宣传中，该品牌突出了标准价格与实际价格之间的巨大差异，让消费者感受到购买这款新车所能获得的超值优惠。此外，他们还在广告中强调了这款新车的豪华配置、卓越性能以及品牌的高品质保证，以进一步吸引消费者的关注。通过这种对比定价策略，该品牌成功地吸引了大量潜在消费者的关注，并促使他们采取行动购买这款新车。这款新车在市场上的销量迅速攀升，成为一款备受欢迎的豪华汽车。

（二）差别定价策略

差别定价策略，又称弹性定价策略，是一种依据消费者支付意愿而制定不同价格的定价法，其目的在于建立基本需求、缓和需求之间的波动，并刺激消费。这种方法是指企业用两种或多种价格销售一款产品或一项服务，尽管价格差异并不是以成本差异为基础得出的。

差别定价必须满足以下三个条件：第一，企业对价格必须有一定的控制能力；第二，产品有两个或者两个以上被分割的市场；第三，不同市场的价格弹性不同。

在实际应用中，差别定价策略是一种常见的定价策略。例如，在航空业中，不同航线和目的地的票价往往不同。这主要是因为航线的热门程度和供需关系不同，这是一种基于地理位置的差别定价；软件企业经常提供不同版本的软件，如基础版、高级版、企业版等，每个版本的价格不同，功能和服务也不同，这是基于产品特性和服务的差别定价。

四、习惯与梯子定价策略

（一）习惯定价策略

习惯定价策略是指根据消费者的习惯价格心理来定价的方法。对于已经形成了习惯价格的产品，即使生产成本降低，企业也不会轻易降价，因为降价可能引发消费者对产品品质的怀疑；相反，即使生产成本增加，企业也不会轻易提价，因为提价可能导致消费者的反感。在这种情况下，企业往往通过薄利多销的方式来弥补因维持习惯价格而可能带来的利润损失。

例如，卷纸、湿巾等产品具有较高的消费频率和稳定性，消费者对价格变动较为敏感。因此，商家在定价时需要谨慎考虑价格，以保持价格的稳定性和竞争力。

习惯定价策略的优点包括易于操作、能稳定市场价格和具有一定的公正性。但同时，这种定价策略也存在一定的局限性，比如可能忽视了市场需求和竞争状况的变化，以及不同消费群体之间的差异。因此，在运用习惯定价策略时，企业需要综合考虑各种因素，确保定价的合理性和有效性。

（二）梯子定价策略

梯子定价策略，又称阶梯定价策略，通过逐步、分阶段地调整产品价格来刺激消费者的购买欲望。

例如，某商店在上架产品时仅标注原价、上架日期以及"售罄即止"的提示。其定价策略如下：产品在前10天维持原价销售；第11天至第21天，价格下调20％；第22天至第30天，价格再降50％；如果产品在第31天至第40天仍未售出，商家会将其捐赠给慈善机构。实际上，许多产品在价格下调之前就已经被消费者抢购一空。

知识拓展 6-2
心理账户

这种策略的高明之处在于，尽管产品最终会进行折价销售，但折价幅度和折价时间的不确定性让消费者产生了紧张感，担心错过购买时机。因此，消费者在购买时往往会忽略价格与质量之间的关系，更注重抢购到心仪的产品。这种策略有效地促进了产品的销售，提高了商家的收益。

本章小结

　　企业在进行产品命名时，应做到简洁明了，注意命名的独特性、命名与产品具有相关性、命名易于读写、命名符合品牌形象、避免负面含义，命名要具有可搜索性、可扩展性、文化敏感性，还要符合法律规定。同时，产品命名的方法多种多样，包括描述性命名、隐喻或象征性命名、创新词汇命名、以人名或地名命名、以缩写或首字母缩略词命名、以情感表达命名，以及结合多种方法命名。

　　产品商标起到了标识产品或服务、塑造和传播品牌形象、寻求法律保护、体现商业价值、促进销售和市场推广、管控产品质量的作用。在进行商标设计时，企业需要考虑商标设计的心理要求，包括：生动形象，简单易记；造型独特，文字简洁；与时代潮流相结合；与产品特质相协调；与民风民俗、法律法规相适应。

　　产品包装是在产品运输、储存、销售等流通过程中，为了保护产品、方便储存和促进销售，按一定技术方法而采用容器、材料和辅助物等为产品所附的装饰的总称。产品包装的设计应满足便携性、安全性、艺术性、针对性和统一性等要求。

　　产品价格是产品价值的货币表现形态，它体现了产品和货币的交换关系，是产品和货币交换比例的指数。其具备衡量产品价值和质量、自我意识比拟、调节需求等心理功能。

　　产品定价的心理策略是企业在确定产品价格时，运用心理学的原理和方法，以深入了解和把握消费者的购买心理为基础，从而制定更能吸引和满足消费者需求的价格策略。定价的心理策略核心在于通过理解和影响消费者的心理感知，使他们对产品价格产生积极的认知，进而促进购买行为的发生。常见的产品定价心理策略包括尾数与整数定价策略、价值与招徕定价策略、对比与差别定价策略、习惯与梯子定价策略等。

复习与思考

一、简答题

1. 产品命名方法有哪些？
2. 产品商标设计的心理要求有哪些？
3. 产品包装设计的作用有哪些？
4. 产品价格对消费者行为有哪些影响？
5. 产品定价的心理策略有哪些？

二、案例分析

2023 年中国茶饮品类竞争激烈

作为热门的餐饮赛道之一，茶饮品类的快速崛起史风光无限：资本涌动，品牌密集排兵布阵，万千创业者竞相涌入，在短短数十年的时间内在中国开拓出了一个千亿级的赛道。经过多年的发展，茶饮品类初步形成了三足鼎立的格局：奈雪的茶、喜茶以及蜜雪冰城。

1. 奈雪的茶

奈雪的茶，创立于 2015 年，总部位于广东省深圳市，是隶属于深圳市品道餐饮管理有限公司的茶饮品牌。奈雪的茶以 20～35 岁年轻女性为主要目标消费者，坚持茶底 4 小时一换。2019 年 7 月 2 日，奈雪的茶入选"中国茶饮十大品牌"。截至 2023 年 5 月 11 日，奈雪的茶全国门店数达到了 1158 家，所有门店都是直营店，不接受加盟。

奈雪的茶率先创造了一种全新的现代茶饮体验，并在茶饮消费领域引起轰动。奈雪的茶首先在中国使用新鲜水果制备现制茶饮，并首先在中国创新性地提出现制茶饮搭配烘焙产品的概念。2022 年，奈雪的茶在业内首创天然代糖"0 卡罗汉果糖"，全面应用于门店现制茶饮，极大地降低了茶饮含糖量，为消费者提供了全新的减糖不减甜的健康选择。

2. 喜茶

喜茶是深圳美西西餐饮管理有限公司创立的品牌，总部位于广东省深圳市。2012 年，喜茶诞生于广东省江门市，其通过使用真奶、真茶首创芝士茶，开创了整个新茶饮行业。一直以来，喜茶坚持使用真牛乳、真原茶、真水果、真蔗糖等高品质原料，推出了众多真品质的茶饮，包括芝士茗茶系列、多肉葡萄家族、以及热门单品芝芝莓莓、酷黑莓桑、烤黑糖波波牛乳等。同时，通过在品牌内容、门店空间等用户触点塑造和传播品牌，喜茶积累了强大的品牌势能，把激发喜悦的品牌体验带给更多的消费者，也推动行业进入了品牌化时代。喜茶原名皇茶（ROYALTEA），由于无法注册商标，故在2016年2月26日全面升级为注册品牌"喜茶 HEYTEA"。

3. 蜜雪冰城

蜜雪冰城是一家全国连锁冰激凌与茶饮品牌，隶属于蜜雪冰城股份有限公司，1997年成立。经过20余年的发展，蜜雪冰城全国门店数量超过25000家，覆盖31个省（市、自治区），并正在积极开拓海外市场。蜜雪冰城致力于用优质的原材料打造产品，坚持做好每一支冰激凌、每一杯茶饮。近年来，蜜雪冰城在国内饮品行业稳步成长。

讨论：你认为奈雪的茶、喜茶和蜜雪冰城成为茶饮品类的"三巨头"的原因是什么？从产品价格、商标设计和包装设计方面进行分析。

三、项目实训

1. 实训目标：深入了解产品、价格对消费者心理及行为的影响。

2. 实训要求：分析你最近购买的某一款产品。

3. 实训内容

作为消费者，请分析你最近购买的某一款产品的相关信息及其对你的购买行为产生的影响。可以从以下方面展开。

（1）该产品是如何命名的？

（2）该产品的商标是什么样的？

（3）该产品的包装设计是什么样的？

（4）该产品的定价策略如何？

（5）该产品吸引你购买的原因有哪些？

4. 实训成果及考核要求

（1）以书面作业的形式上交。

（2）要求写出具体的产品。

（3）从心理策略角度对产品的购买原因进行分析。

第七章　广告与消费者心理及行为

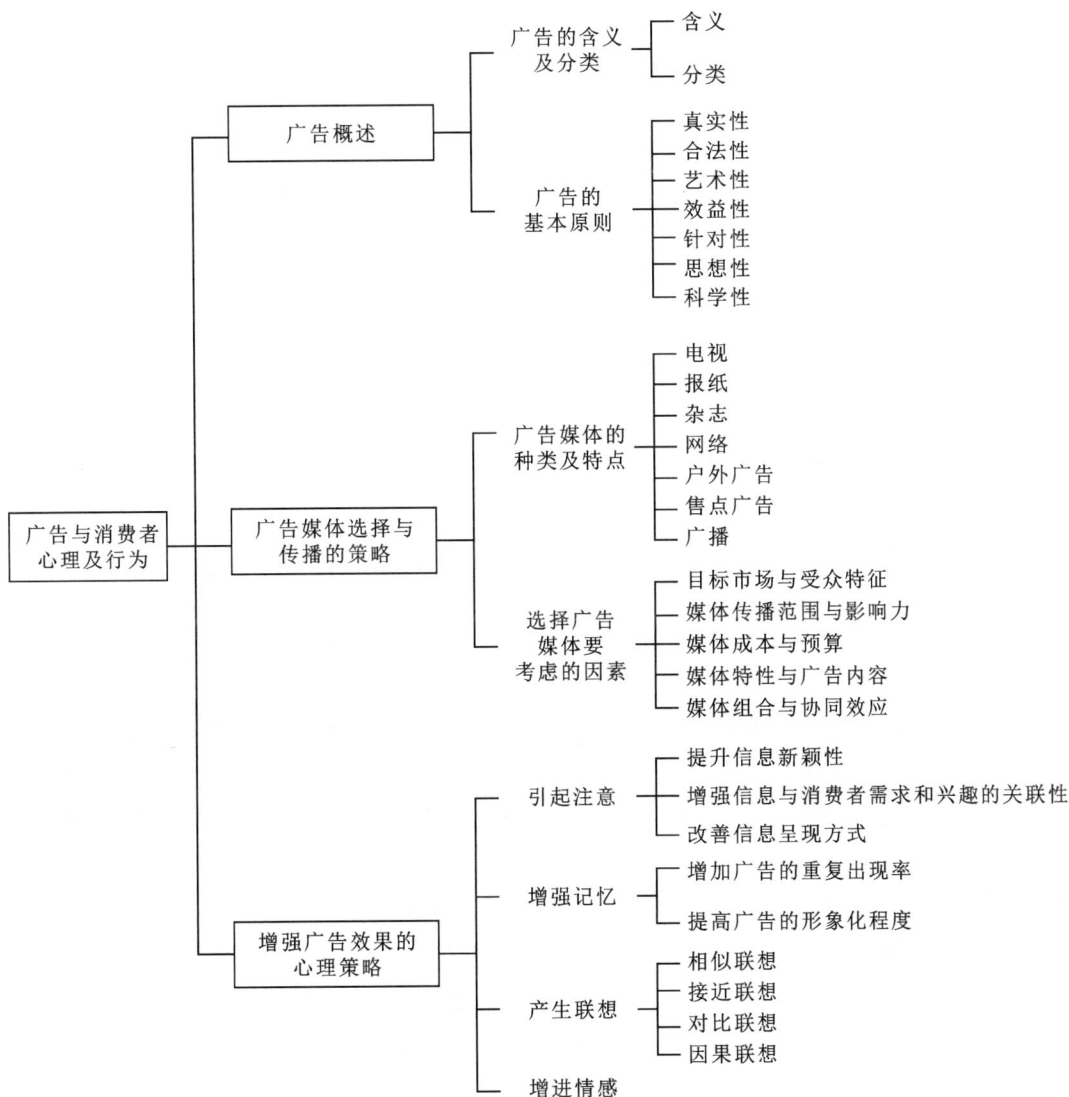

知识目标

- 了解广告的特点及种类。
- 了解广告媒体的种类及特点。
- 掌握广告的基本原则。
- 掌握增强广告效果的心理策略。

能力目标

- 能够正确进行广告媒体的选择。
- 能够分析增强广告效果的心理策略。

素养目标

- 了解广告对消费者心理及行为的影响，树立依法开展广告营销的意识。
- 树立创新、科学的广告营销意识。

情境导入

宜家发布虚假广告，误导消费者

2021年10月，宜家（中国）投资有限公司（以下简称"宜家"）在地铁灯箱和某第三方App平台上发布了"GUNRID古恩里德空气净化窗帘"的产品广告。广告中，宜家宣传该窗帘具有"旧材料，带来新空气"的功能，并依据在限定的试验条件下，针对特定目标污染物，对窗帘样品检测得到的理想状态下的净化结果，宣传窗帘具备"空气净化"功能。

然而，宜家的广告忽略了消费者实际使用窗帘的生活环境条件，误导消费者认为该窗帘无使用的限制条件，使用了该窗帘即可净化室内环境中的多种污染物，达到净化空气的目的。这种宣传对消费者的购买行为产生了实质性影响，许多消费者因为信任宜家的品牌和其广告宣传，而选择了购买这款窗帘。

但是，当消费者在后期的实际使用过程中发现这款窗帘的空气净化效果并不如广告所宣传的那样显著，甚至可能并不具备明显的空气净化功能时，他们可能会对宜家的品牌形象和信任度产生负面印象。这种情况下，消费者的购买行为可能会受到广告误导，导致他们对产品产生不满和失望。

由此可见，通过精心设计和制作的广告，企业可以吸引消费者的注意力，激发他们的购买欲望，并促使他们做出购买决策。然而，如果广告中的宣传内容不真实或误导消费者，那么这种影响可能是负面的，会导致消费者对产品产生不满和失望，甚至可能对企业的品牌形象和信任度产生长期影响。因此，企业在制作广告时应该遵循真实、准确、清晰的原则，确保广告内容能够准确传达产品的信息和特点，并避免误导消费者。

第一节 广 告 概 述

广告与消费者行为之间存在着密切的关系。广告通过传递信息、塑造品牌形象、引导消费等方式，对消费者的购买决策产生重要影响。通过探讨广告与消费者心理及行为之间的关系，我们可以研究消费者如何对广告产生心理反应，以及这些反应如何影响消费者的购买决策，探究如何制作符合消费者需求的广告，进而提升广告效果，促进产品销售。

一、广告的含义及分类

（一）广告的含义

广告是以付费的方式，通过一定的媒介，向一定的人，传递一定的信息，以期待达到一定目的的有责任的信息传播活动。通常情况下，我们所说的广告即为商业广告。

广告的概念应当包含以下几个要点：① 以盈利为目的，这是广告的根本属性；② 广告费用由产品经营者或服务提供者承担；③ 广告通过一定的媒介和形式直接或间接进行传播；④ 广告是有目的、有计划、连续性的；⑤ 广告针对目标市场的受众；⑥ 广告是说服的艺术，目的在于影响消费者的行动。

（二）广告的分类

1. 按广告内容划分

我们可以根据广告内容的不同，将广告分为产品广告、劳务广告、声誉广告等。商品广告是以销售产品为目的的广告，它是以销售为导向，介绍产品的质量、功能、价格、品牌、生产厂家、销售地点以及该产品的独到之处，给人以何种特殊的利益和价值等有关产品本身的一切信息，追求近期效益和经济效益。劳务广告又称服务广告，比如介绍银行、保险、旅游、饭店、车辆出租、家电维修、房屋搬迁等内容的广告。声誉广告又称公关广告、形象广告，它是指通过一定的媒介，把企业有关的信息有计划地传播给公众的广告。这类广告的目的是引发公众对企业的注意、好感，从而提高企业的知名度和美誉度，树立良好的企业形象。

2. 按传播媒介划分

根据传播媒介，可以将广告分为报纸广告、杂志广告、电视广告、广播广告、网络广告、户外广告、招贴广告、包装广告、招牌广告、车身广告、门票广告等。

3. 按广告形式划分

根据广告形式，可以将广告分为图文广告、视频广告、音频广告等。

4. 按产品生命周期划分

根据产品所处的生命周期，可以将广告分为导入期广告（强调产品的"新"字，突出其创新性和独特性，以吸引消费者试用和购买）、成长期广告（强调产品的性能和品质，以及与竞争对手相比呈现出的优势，从而吸引更多的消费者选择该产品）、成熟期广告（强调品牌的稳定性和可靠性，以及产品的附加价值，从而保持消费者对品牌的忠诚度和满意度）和衰退期广告（采用价格促销等方式来吸引消费者购买，并强调产品的性价比和实用性）。

二、广告的基本原则

（一）真实性原则

真实性原则是广告的最基本原则，也是广告的生命。广告活动必须真实、客观地宣传产品或者服务，不得弄虚作假，不得欺骗和误导消费者。这一原则要求广告内容要真实准确，不得呈现虚假信息，广告所宣传的产品和服务要真实可靠，广告表现也要真实，广告在产品的信息和传递方式上也必须真实。同时，广告要忠于产品本质，不可夸大产品的实际功能，也不可对广告中涉及的产品进行虚假宣传。真实性原则是广告活动的基本原则之一，也是《广告法》所规定的核心内容之一。

广告是向消费者传递产品或服务信息的重要渠道，如果广告内容虚假或误导消费者，不仅损害了消费者的权益，而且破坏了广告行业的声誉和形象。因此，广告必须遵守真实性原则，确保广告内容真实可信，为消费者提供准确、客观、有用的信息，促进市场的公平竞争和健康发展。同时，广告主和广告发布者也应当对广告内容的真实性负责，承担相应的法律责任。

（二）合法性原则

合法性原则是广告法的基本原则之一，也是广告活动的基本准则。广告活动必须遵守法律、法规，符合社会道德和伦理标准。广告的内容和形式不得违反法律、法规的规定，也不得违背社会公德和社会风尚。这一原则要求广告活动必须依法进行，广告主不得发布违法广告，不得损害社会公共利益和他人合法权益。任何广告活动都必须在法律规定的范围内进行，确保广告内容合法、真实、准确、清晰，不得侵犯他人的合法权益，不得损害社会公共利益和公共秩序。

（三）艺术性原则

广告也是一门艺术。一般情况下，广告的艺术性越强，就越有吸引力、表现力、感染力。一则具有艺术性的广告作品可以更容易地吸引消费者的注意力，激发消费者的购买欲望，提高广告的转化率和效果。同时，艺术性原则也是广告创意和表现的重要体现，有助于提高广告的文化内涵和审美价值，增强广告的社会效益和影响力。

（四）效益性原则

广告要讲求经济效益和社会效益的统一。在制订广告战略和进行广告策划时，企业要以最小的广告投入获得尽可能好的广告效果，同时也要考虑广告活动对社会、环境等方面的影响，实现经济效益和社会效益的双赢。

（五）针对性原则

广告应有明确而具体的目标受众，广告内容、形式、传播渠道等都要根据目标受众的特点和需求进行有针对性的设计和选择，以实现广告的最佳效果。如果广告活动没有明确的目标受众，或者广告内容和形式与目标受众的特点和需求不匹配，那么广告的效果就会大打折扣，甚至可能产生负面影响。

（六）思想性原则

广告既是一种经济现象，也是一种社会宣传活动。广告内容与形式要健康，符合社会主义精神文明建设和弘扬中华民族优秀传统文化的要求，不得含有损害国家尊严或利益、泄露国家秘密、妨碍社会安定、损害社会公共利益、危害人身或财产安全、泄露个人隐私、违背社会风尚的内容。

（七）科学性原则

广告的制作、使用、管理环节都应与现代化科学技术手段相结合，从宏观、微观上进行定量、定性的科学研究。例如，在广告创意和设计中，要遵循视觉、听觉和心理规律，确保广告作品符合人的感知和认知特点；在广告效果评估中，要采用科学的数据分析方法和评估指标，对广告效果进行客观、准确的评估，为广告决策提供科学依据。

第二节　广告媒体选择与传播的策略

广告媒体是广告策划中至关重要的一环，广告媒体选择是否正确，关系到广告推广能否顺利实施，也关系到广告传播的效果。

一、广告媒体的种类及特点

广告媒体种类繁多，主要包括电视、报纸、杂志、网络（微博、微信、抖音、小红书等）、户外广告（广告牌、交通广告、灯箱广告等）、售点广告、广播等。常见的广告媒体的优缺点如表 7-1 所示。

表 7-1　常见的广告媒体的优缺点

广告媒体	优点	缺点
电视	视听结合，生动形象；覆盖面广，受众广泛；信息传递快速；具有较强的冲击力和感染力	需要投入大量的人力、物力和财力，成本较高；时长通常较短；干扰因素多；无法保存和反复查看
报纸	发行量大，覆盖面广；传播速度快，反应及时；信息量大，说明性强；阅读主动性强；权威性强；制作简单，费用较低	时效性短；广告信息繁杂，易分散注意力；受印刷质量限制；受众群体相对固定和单一
杂志	精准触达目标受众，提高广告效果；广告寿命长；信息量大且深入，有利于建立品牌形象；印刷精美，视觉效果好	发行周期较长，更新速度慢；发行量有限，广告覆盖面受限；广告费用较高；受众群体相对单一
网络	覆盖面广；互动性强，能提高用户参与度和广告效果；精准定位，能实现个性化投放；形式多样；投放灵活；监测与评估方便	广告受干扰程度较高；依赖技术支持；涉及用户隐私保护问题；法律法规限制
户外广告	视觉冲击力强；覆盖面广；持久性强；形式多样；费用相对较低	受天气和环境影响；广告更新较慢；受众难以精准定位；受相关法规和监管的限制
售点广告	针对性强；吸引力大；对产品销售的促进作用明显；制作成本低	时间限制；空间限制；易被用户忽视
广播	传播速度快；覆盖面广；制作成本低；灵活性高；受众群体广泛	信息不易保存；受众分散；创意表现受限

二、选择广告媒体要考虑的因素

在选择广告媒体时，除了考虑媒体的种类和特点之外，还需考虑以下关键因素。

（一）目标市场与受众特征

在进行广告媒体的选择时，要明确广告的目标市场和受众特征。这包括目标市场的地理位置，受众的年龄、性别、职业、收入、受教育水平、消费习惯等方面的特征。通过对目标市场和受众的深入了解，我们可以选择最合适的广告媒体，确保将广告信息准确、有效地传达给目标受众。

（二）媒体传播范围与影响力

不同媒体的传播范围、受众群体和影响力各不相同，因此我们需要根据广告的传播需求和预算，选择能够覆盖目标受众并具有较高影响力的媒体。例如，对于全国性的广告活动，可以选择全国性的电视、报纸或网络媒体；对于地区性的广告活动，则可以选择地方性的媒体。

（三）媒体成本与预算

在进行广告媒体的选择时，还要考虑到媒体的成本和预算。不同媒体的广告费用差异很大，因此我们需要根据企业的广告预算和营销策略，选择合适的广告媒体。在选择媒体时，要充分比较不同媒体的性价比，确保广告投入能够取得最大的回报。

（四）媒体特性与广告内容

不同媒体具有不同的特性，如电视媒体的视听效果较好，报纸媒体的文字传递功能突出，网络媒体的互动性强。因此，在选择媒体时，要充分考虑广告内容的特点和需求，选择能够充分展示广告内容并吸引目标受众的媒体。

（五）媒体组合与协同效应

在广告活动中，企业通常不会只使用一种媒体进行传播，而是会采用多种媒体组合的方式，以获得更好的传播效果。因此，在选择媒体时，要充分考虑不同媒体之间的协同效应，确保各种媒体能够相互配合，共同实现广告目标。

知识拓展 7-1
泰国广告
"快乐盒子"

第三节　增强广告效果的心理策略

为了优化广告效果，企业在策划、设计、制作和播出广告时，必须深入了解并重视消费者的心理活动规律。通过运用恰当的广告心理策略，企业可以增强广告的表现力、吸引力、感染力和诱导力，从而确保广告能够准确传递信息、有效促进销售、树立品牌形象并引导消费者行为。这样的广告不仅能够满足消费者的心理需求，而且能够为企业带来更大的商业价值。

增强广告效果的心理策略主要有引起注意、增强记忆、产生联想、增进情感。

一、引起注意

注意是人们对于特定事物的聚焦和集中，它标志着广告心理过程的开端。一则广告能否成功引起消费者的注意，直接决定了其能否达到预期的效果。在日常生活中，人们通过各种媒体渠道接触到大量的广告信息。然而，这些广告信息中的大部分都未能引起人们的注意，它们如同过眼云烟，被人们迅速遗忘。有研究数据显示，仅有大约 5% 的广告能够成功吸引人们的目光并在人们的脑海中留下深刻印象。为了吸引消费者的注意力，我们可以从以下方面做出努力。

（一）提升信息新颖性

新颖的内容往往能够打破常规，突破人们的预期，从而迅速吸引他们的注意力。例如，与众不同的产品特点或创新的广告形式可以激发人们的好奇心，吸引人们的兴趣。

（二）增强信息与消费者需求和兴趣的关联性

人们往往更关注那些能够满足自己需求或激发自己兴趣的信息。因此，广告应该深入了解目标受众的需求和兴趣，确保所提供的信息能够与他们产生共鸣。

（三）改善信息呈现方式

一则吸引人的广告通常具有独特的设计、生动的画面和吸引人的音效，这些元素共同构成了广告的视觉和听觉冲击力，使其更容易吸引人们的注意。例如，在视频广告中使用快速切换的画面、跳跃式的剪辑或者动感十足的音乐，可以让广告更加引人注意。

二、增强记忆

记忆是我们对过去经历的事物的心理再现，它对于加强人们对广告的认同感具有关键作用。要使广告在受众心中留下深刻的印象，我们需要考虑以下策略。

（一）增加广告的重复出现率

心理学研究显示，人的瞬时记忆时间非常短暂，大约只能维持 0.25 至 2 秒。但当我们对某些信息给予关注时，它可能转化为短时记忆。虽然短时记忆的时间稍长于瞬时记忆，但最长也不超过 1 分钟，且容量非常有限。

对于消费者而言，他们在注意到某款产品的广告后，并不会立即做出购买决定，这中间可能会有一段相对较长的时间间隔。因此，短时记忆在这种情况下显然是不够的。为了确保广告信息能够在消费者心中留下深刻的印象，广告宣传需要有意识地采取多次重复的策略，不断地刺激消费者的视觉和听觉。这样的做法有助于增强消费者对广告信息的印象，从而延长信息在他们脑海中的存储时间，最终使短时记忆转化为长时记忆。

（二）提高广告的形象化程度

一般而言，直观、形象和具体的事物比抽象的事物更容易在人们的脑海中留下印象。直观的形象是人们认识事物的起点，它有助于我们快速掌握事物的整体面貌，提高知觉度，进而提升记忆效果。例如，短小精悍、简明扼要、图文并茂、色彩丰富的广告画面往往比只有文字的页面更能给人留下深刻的印象。

三、产生联想

联想是人的一种因接触某人或某种事物而想起其他相关的人或事物的心理过程。在广告中，激发消费者的联想机制是一种有效的策略，能够促使他们更深入地了解产品，增强对产品的认知，产生对产品的兴趣，并获得愉悦的情感体验。这种情感联结不仅加深了消费者对产品的好感，而且刺激了他们的购买欲望。联想的类型如表 7-2 所示。

表 7-2　联想的类型

类型	含义	案例
相似联想	由于外形、性质或意义上的相似而引起的联想	苹果公司的"Shot on iPhone"广告系列通过展示一系列由 iPhone 拍摄的高质量照片和视频，将 iPhone 强大的摄像头功能与专业的摄影设备相提并论，让消费者产生"iPhone 的摄像头能拍出高质量的照片和视频"的联想

续表

类型	含义	案例
接近联想	因时间或空间上的接近而引发的联想	百事可乐连续多年在春节期间推出"把乐带回家"系列广告，向人们展现"家文化"与"乐文化"的全新阐释，为人们带来浓厚的新年仪式感
对比联想	由事物间完全对立或存在某种差异而引起的联想	戒烟广告通过展示一个人吸烟前后的面容和精神状态对比，或者展示一个人因吸烟导致牙齿变黄、口气难闻的画面，直观地展现吸烟对身体健康和外貌形象的负面影响，从而引发观众对吸烟危害的认识
因果联想	由于两个事物存在因果关系而引起的联想	运动品牌 Nike 的一则以"Just Do It"为主题的广告，通过展示一位运动员在训练中的点滴进步和最终取得成功的经历，将 Nike 运动鞋与成功相连接，使消费者形成自己也能够通过努力和坚持实现自己的梦想的因果联想

四、增进情感

　　仅仅通过引起消费者的注意、增加广告的播放频率，并不能有效地激发消费者的购买欲望。在消费者的购买决策过程中，情感因素扮演着至关重要的角色。通常，积极的情感能够激发消费者的购买欲望，并增强其购买信心。当产品符合消费者的需求并满足其愿望时，他们会感到愉悦和喜欢；反之，若不能满足其需求，消费者则可能会产生失望之情。真正能够触动消费者内心、引发积极情感体验的广告，往往是那些与消费者需求紧密相连、能满足其实际需要的广告。这样的广告才能成为推动消费者产生购买行为的动力源泉。

知识拓展 7-2
网易云音乐是
如何获得成功的？

📖 本章小结

　　广告是以付费的方式，通过一定的媒介，向一定的人，传递一定的信息，以期待达到一定目的的有责任的信息传播活动。通常情况下，我们所说的广告即为商业广告。依据不同的标准，我们可以将广告划分为不同的类别。按照内容，我们可以将广告划分为商品广告、劳务广告、声誉广告等；按照传播媒介，我们可以将广告划分为报纸广告、杂志广告、电视广告等；按照广告形式，我们可以将广告划分为图文广告、视频广告、音频广告等；按照产品所处的生命周期，我们可以将广告划分为导入期广告、成长期广告、成熟期广告和衰退期广告。广告应遵循真实性、合法性、艺术性、效益性、针对性、思想性、科学性等原则。

广告媒体种类繁多，主要包括电视、报纸、杂志、网络（微博、微信、抖音、小红书等）、户外广告（交通广告、灯箱广告等）、售点广告、广播等。不同的媒体具有各自的优缺点。在选择广告媒体时，除了考虑媒体的种类和特点之外，还需考虑以下关键因素：目标市场与受众特征；媒体传播范围与影响力；媒体成本与预算；媒体特性与广告内容；媒体组合与协同效应。

增强广告效果的心理策略包括引起注意、增强记忆、产生联想和增进情感等。

复习与思考

一、简答题

1. 什么是广告？
2. 广告的种类有哪些？
3. 简述常见的广告媒体的特点。
4. 广告应坚持的基本原则有哪些？
5. 如何增强广告效果？

二、案例分析

洁柔公关感谢信

2023年9月25日晚，微博话题"洁柔写信感谢取消10元6箱订单顾客"这一话题突然冲上热搜第一。事情的起因是，2023年9月17日，中顺洁柔纸业股份有限公司（简称洁柔）的工作人员在直播间输错价格，将原价56.9元1箱的纸巾误设置成10元6箱，引发大量顾客抢购，洁柔损失金额超千万元。此事件发生后，洁柔内部紧急召开会议，虽损失千万，但仍向所有拍下此商品链接的顾客承诺：所有订单，将正常发货。而后，有顾客主动取消了"10元6箱"的订单。于是，在9月25日晚，洁柔给取消9月17日"10元6箱"订单且未要求任何赔偿的顾客发了一封感谢信，称"自失误事件发生以来，整个团队深感压力，但您的善意，就像黑暗中透进来的一道微光"。对于上述顾客，洁柔邀请其成为"荣誉洁柔人"，会为顾客寄送洁柔45周年礼品箱，邀请顾客参加洁柔45周年庆典，并赠送一家三口广州长隆两天一晚和广州塔门票。

除此之外，洁柔还承诺，上述顾客未来个人购买公司的任何产品，终身享受员工内购政策。另外，如果顾客愿意或者需要，其本人及其直系亲属可以到洁柔进行学生实习或者工作（须符合洁柔的基本用人标准）。

发布了感谢信后，相关话题很快冲上了热搜榜，网友纷纷留言，大赞洁柔格局大："企业和退款的好心人双向奔赴了""你的善意换来了更大的善意""真诚永远是最好的必杀技"……可以看出，网友对此次洁柔整体的公关很满意。

讨论：洁柔的感谢信属于哪种类型的广告？选用了什么媒体渠道？产生了怎样的广告效果？

三、项目实训

1. 实训目标：深入了解广告对消费者心理及行为的影响。

2. 实训要求：分析你最近关注的一则广告。

3. 实训内容

请详细分析你最近关注的一则广告对消费者的购买行为所产生的影响，可以从以下方面展开。

（1）该广告属于什么类型的广告？

（2）该广告的传播媒体有哪些？选择这些媒体的因素是什么？

（3）该广告是如何增强广告效果的？

4. 实训成果及考核要求

（1）以书面作业的形式上交。

（2）要求写出具体的广告内容。

（3）结合引起注意、增强记忆、产生联想和增进情感等心理策略分析广告的效果。

第八章　外部环境与消费者心理及行为

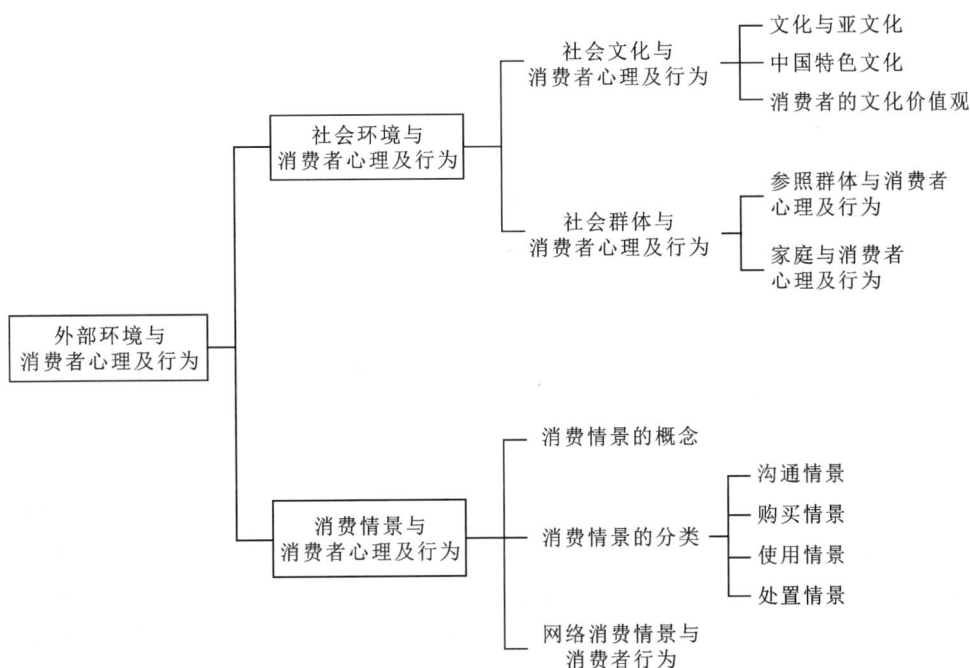

知识目标

- 了解社会文化、社会群体以及消费情景的基本概念及类型。
- 熟悉中国文化、社会群体中各要素，以及消费情景的特征和要素。
- 掌握消费者文化价值观、社会群体各要素、线上消费情景对消费者心理行为的影响。

能力目标

- 能够根据不同文化特征分析其对消费者的影响并开展营销活动。
- 能够根据不同群体特征正确理解消费者心理并完成用户画像。
- 能够剖析消费者购物过程中各种情景的特征并制订合适的营销策略。

素养目标

- 培育并践行社会主义核心价值观，厚植爱国情怀。
- 树立正确的消费观和价值观。
- 培养敏锐的营销直觉和消费者行为洞察力。

情境导入

直播带货的兴起

随着抖音、快手等各种短视频平台的兴起，直播带货风靡一时，直播带货的兴起带人们走进数字时代，已经让许多消费者养成了足不出户就完成购物的习惯。消费者在直播中挑选自己喜欢的产品，看模特充分展示，如果中意，就可能会立即下单，一次购物体验就此开始。2021 年 6 月，北京市消费者协会等单位开展的直播带货问卷调查显示，超六成受访者经常通过直播带货方式购物。[①]

被访者 A 说："在直播中，我可以看到跟自己身材差不多的模特试穿新衣服，购物平台赠送运费险，我还可以享受七天无理由退换货服务，这比去实体店试穿看导购员脸色可要舒心多了。"消费者的这种购物行为使实体店的确受到不小的冲击。但这从另一方面也说明，不管网络购物普及程度多高，消费者都希望获得最真实的产品体验，消费者被尊重的心理从未改变，将来

---

① 数据来源：https://www.thepaper.cn/newsDetail_forward_13185487。

也永远不会改变。

新的消费模式下，抖音紧跟潮流与各大食品类商家合作，推出优惠券，各大探店主播进行宣传，平台美食商家销售量与日俱增。被访者 B 说："只要看到有美食商家的团购卷，我都会赶紧购买，生怕错过优惠，有时候还要多买几张，其实最后也不一定真的去那家店消费，反正平台可以退款，真是方便极了。"

第一节　社会环境与消费者心理及行为

一、社会文化与消费者心理及行为

文化是历史的社会现象，每个社会都有与之相适应的社会文化。人类创造了文化，文化反过来对人类生活的各个方面都产生了深远的影响。作为宏观社会环境的主要方面，文化对消费者具有普遍影响。

（一）文化与亚文化

在现代社会，文化已经渗透到生活的各个领域，是影响消费者消费心理和行为的极其重要而敏感的因素，对消费者的心理过程与购买决策的影响是潜移默化、深刻而持久的。

1. 文化的含义与特征

广义的文化，是指人类社会历史实践过程中所创造的物质财富和精神财富的总和。也就是说，人类改造自然和社会过程中所创造的一切，都属于文化的范畴。而狭义的文化，是指社会的意识形态，即精神财富，如文学、艺术、教育、科学等，同时也包括社会制度和组织机构。

文化在对消费者心理与行为产生影响的过程中，具备民族性、无形性、满足性、共有性和发展性等基本特征。

2. 亚文化的含义与类型

亚文化是文化的细分，也是文化的组成部分。通常情况下，一个社会的文化并不是整齐划一的。根据人口特征、地理位置、政治信仰、宗教信仰、伦理背景等的不同，我们可以划分出不同的文化群体。因此，一个社会的文化通常包括两个层次：一个是全体社会成员共有的基本文化，即主体文化，也称核心文化；另一个是社会中某些群体所特有的独特价值观和行为模式，也称亚文化或次文化。

亚文化既与核心文化有共同之处，又有自身的特殊性。亚文化在形成基础和历史沉淀上与所属的社会文化是一脉相承的，亚文化的主体是核心文化的一部分，其所具有的独特的行为模式摆脱不了核心文化的一些烙印。亚文化的某些文化含义是有独特性的，因为只有在具体内容或表现形式上因种种差异而构成与核心文化或其他亚文化相区别的独特性，才能使得这种亚文化具有存在的意义，这也突显出亚文化的主要特征：局部小众、与主流文化不同、有独特的圈子理念。

传统意义上，不同的民族、种族、地域、宗教和职业等，都会形成不同的亚文化。而现代意义上，如二次元文化、古风文化（汉服、古风歌曲等）、街头文化（滑板、街舞、说唱、涂鸦等）、军迷文化（军备控、军事爱好者等）都是不同的亚文化。

知识拓展 8-1
互联网数字经济时代下的"亚文化"

案例链接

汉服风潮持续升温

2022年中秋、国庆"双节"期间，西安"长安十二时辰"主题街区还原了大唐盛世的市井街区，身穿汉服的游客可以在其中品尝长安市井小吃，观看唐宫乐宴表演；成都的"衣起锦官城"汉服周活动吸引众多汉服、摄影爱好者；在泉城济南、古都洛阳，汉服游园成为新的"打卡"方式。一位到洛阳旅游的上海游客也体验了一次汉服游，她激动地说："受短视频的影响，加上我有幸买到了'唐宫乐宴'演出的门票，就想趁机会感受一下汉服。"她介绍，在"唐宫乐宴"演出现场，游客可以换上汉服，体验千百年前的诗、乐、茶、礼等文化内容，演出中还设置了各种剧本游戏，代入感很强。

由于一系列以中国传统文化为特色的综艺节目、纪录片以及短视频内容的走红，汉服在中国年轻人中流行起来。咨询公司艾媒咨询的一份报告显示，从2015年到2021年，汉服市场规模已经从1.9亿元扩大到101.6亿元。[①] 一些时尚爱好者也成为中国传统服装的业余研究者，他们喜欢分析不同朝代的服装风格和时尚单品。重视传统文化的回归让汉服成为国人展现自身文化自信的窗口，加之短视频的宣传效果，不少人产生了尝试汉服的念头。如果说以前汉服还只是火在小众圈层，那么如今在很多消费场景下，它是当之无愧的"主角"。景区、博物馆、游戏、影视剧与汉服厂商的跨界合作正成为一大趋势，相关产业迎来了巨大的发展机遇。以洛阳为例，其洛邑古城的"汉服打卡地"标签，带动了洛阳全市的旅游收入大幅增长。

① 数据来源：https://www.thepaper.cn/newsDetail_forward_19551743。

3. 文化对消费者的影响

（1）文化对消费者观念的影响

不同文化背景下的人的消费观念有着很大的差别。在我国，很多人受传统观念影响，喜欢有计划地储蓄，不太喜欢"借钱花"的生活方式；但在西方，受消费主义思潮影响，很多人较少储蓄，崇尚消费。

（2）文化对消费者生活方式的影响

人们的生活方式与文化有着密切的关系。文化直接影响人们的生活方式，生活方式反过来又能强化人们脑海中的文化观念。我国地域辽阔，南北气候差异很大，人们在日用生活消费等方面也形成了富有特色的消费习俗。同时，我国人口众多，是一个多民族的国家，由于各民族的传统习惯不同，各民族在服饰、饮食等方面也表现出强烈的民族特色，形成不同的消费习惯。

（3）文化对消费习惯的影响

不同文化影响下的风俗习惯一方面规范着社会成员按一定的方式去活动；另一方面，如果有人违背了风俗习惯，还会受到社会舆论的谴责和惩罚。

（二）中国特色文化

1. 中国特色消费文化

中国传统文化与文化价值观是造成中国消费者行为差异的深层次原因。研究表明，有数千年历史文化的中华民族在哲学观、价值观、认知观、思维方式、处世方式、生活态度、风俗民情等方面都不同于西方。以下是几种常见的中国特色消费文化。

（1）关系消费与赠礼

在中国社会中，关系是重要的，关系消费、公关消费、赠礼消费都是中国消费市场中不可忽略的一部分。赠礼行为是指发生在给予者和接受者之间的礼物交换过程，是一种象征性的交流行为。有学者通过研究礼物给予与接受关系，提出了五类赠礼关系的组合模型：① 团体间赠礼（如家庭之间）；② 团体内赠礼（如公司内部）；③ 个体间赠礼（如生日礼物）；④ 跨种类赠礼（如一组人给某个人）；⑤ 个体自我赠礼。赠礼的基础是交换，在中国文化背景下，此类消费行为更偏向于互动和人际关系的维护。

（2）根消费

根文化深植于中国人的内心，影响着人们消费的方方面面，催生了中国人独特的根消费。这种基于延续目的的投入和花费，主要包括教育消费（对下一代）、购房消费、祭祖消费（对上一代）、仪式消费、节庆消费等，有时还会超越消费者当下的经济能力。

（3）人情消费

中国素有"礼仪之邦"的美誉，注重礼尚往来是中华民族的传统习惯。这种文化特点对人们的消费行为最直接的影响就是人们比较重视人情消费。因逢年过节、婚丧嫁娶、添丁增岁、升学拜师、乔迁新居等各种原因引起的人情消费在中国非常普遍，也体现出浓浓的人文关怀和人情味。

案例链接

埃文·凯尔与中国的"礼尚往来"

2022年9月1日，有媒体报道，美国一位典当行店主埃文·凯尔在社交媒体发布视频称，他收到了一本要求寄售的第二次世界大战时期的相册，里面有30余张记录侵华日军犯下南京大屠杀罪行的彩色照片。埃文·凯尔将这些照片形容为"历史上从未出现过的""比网上看到的任何东西都还要残忍的照片"，表示"所有人都应该看"。他冒着生命危险，把相册无偿捐赠给中国。他强调历史不应该被掩盖，人们应该直面历史。中国方面对埃文·凯尔的贡献表示十分感谢，中国驻芝加哥领事馆还向他发去了一封感谢信。中国驻芝加哥领事馆在信中真诚地表达了对埃文·凯尔的感激之情，表示这本相册是南京大屠杀的珍贵历史资料，对中国来说具有重要价值。为了表达感谢，中国驻芝加哥领事馆特意向国家申请了一件珍贵的瓷器作为赠礼，以赠送给埃文·凯尔。

---

2. 网络文化

网络文化是指与网络时代相关的人们的交往活动、价值观念与生活方式的统称。网络空间与现实生活有许多共性，如都有一定的规范等。但是两者相比，网络空间又有自己的特色，如更自由、信息交流更为多样化等。与传统文化相比，网络文化具备以下特征。

（1）网络文化的开放性

传统文化具有条块的特征，也就是说，不属于这一群体，不进入这一行业，不处于同一地域的人就很难理解该领域的文化。而网络文化对可以上网的人来说没有这样的预设门槛，对所有能上网的人来说，网络都是开放的，没有条块的划分和限制。

（2）网络文化的平等性

网络上大部分信息、文化都是开放的，是可以共享的，不像在现实生活中信息的拥有者往往成为权利的来源，在网络上，信息的开放使得这种不平等降到了最低程度。

（3）网络文化的包容性

不同的文化在网络上的地位是相同的，对差异的区分和尊重是网络时代的一种文明表达。在这种包容性的发展中，网络文化成为一种全球性的文化。

（4）网络文化的个人化

网络信息纷繁复杂，每个人都可以在网络上根据自己的需要选择自己感兴趣的信息，个人的自主性空前提高，思想认识、价值观念、思维方式的个性化、多元化、复杂化的特征也更加明显。

（5）网络交往的匿名性

在网络中，相互交往的人往往并不知道对方的真实身份，这种交往具有很强的虚拟性。各种虚拟的或电子的共同体可以在网络上自由地发表自己的观点，对社会其他群体和机构产生影响。

课堂讨论

网络文化还有哪些特征呢？请说说你的看法。

3. 中国网络文化与消费者行为

网络文化是现实社会文化的延伸和多样化展现，同时形成了其自身独特的行为特征、产品特色、价值观念和思维方式。全世界各地的文化交织于网络，并在不断碰撞的过程中相互融合。中国也形成了独具特色的网络文化和网络消费者行为，其主要特征包括以下几点。

（1）社区电商快速发展

随着中国移动社交的蓬勃发展，社交与电商融合的商业模式成为电商企业发展的新模式，随着物流、供应链环节等基础配套设施的逐渐完善，社交电商市场正在稳步扩大。按照流量获取方式和运营模式的不同，目前社交电商可以分为拼购类、会员制类、社区团购类和内容类四种。其中，拼购类、会员制类和社区团购类均以强社交关系下的熟人网络为基础，通过价格优惠、分销奖励等方式引导消费者进行自主传播；内容类社交电商则起源于弱社交关系下的社区，通过优质内容与产品形成协同，吸引消费者购买。未来，随着行业的不断发展，有可能涌现出更多社交与电商相结合的创新模式。

（2）网络造节运动兴起

造节营销是一些企业自发地将非约定的日子打造成节日来宣传或者促销的营销活动。为了更好地抢占市场份额和培养消费者的消费习惯，商家开始了一场又一场的造节运动，引导着消费者的消费情绪，比如"双11""6·18"等。造节营销作为当前网络市场营销中最常规的促销手段之一，既是满足消费者价值需求的新范式，也是当今网络文化发展的新趋势。天猫可谓"造节"界的创始平台，2009年第一个"双11"诞生，标志着造节文化正式走到线上。

（3）国货精品成为网购新风尚

近年来，国货品牌及"中国风"成为网络零售市场的亮点。2018年被称为"国潮元年"，"为情怀买单"成为年度热门词汇；2019 年则是新"国潮"的崛起之年，越来越多的国货品牌通过挖掘品牌传统文化与历史，融入新技术与新潮流，借助网络市场，重新走进消费者视野。

随着"中国智造"的不断提升，许多老字号开始"逆生长"。许多中国品牌的发展经历了从数量规模型增长向质量效益型增长的转变，现正在向品质溢价型增长升级，并逐渐进入品牌生态型发展的全新阶段。越来越多的中国"爆款"正在全球流行，很多体现中国人独特审美和生活品位的新国货开始走向世界舞台。传统文化的回归以及大众对文化的强烈认同助推"国潮"的崛起。越来越多的消费者愿意为传统文化而消费，带有"中国文化"元素的时尚产品也逐渐成为新生代消费者彰显自我个性、打造个人属性的新选择。

知识拓展 8-2
消费习俗

课堂讨论

中国人与其他亚洲国家的人消费习惯有什么不同之处呢？请举例讨论。

（三）消费者的文化价值观

文化价值观指的是在同一文化下被大多数人所信奉和倡导的信念。这种信念反映了人们对某一类事物的看法和评价，并通过某种特定的规范来影响人们的心理及行为。

文化价值观有核心价值观和次要价值观之分。文化的核心价值观是指特定的社会或群体在一定历史时期内形成并被人们普遍认同和广泛持有的占主导地位的价值观念。所谓文化的次要价值观，则是指特定的社会或群体在一定时期内形成和持有的、次要的、居于从属地位的价值观念。例如，对中国人来说，成家立业是一种核心价值观，但早婚或者相信多子多福就是一种次要价值观。

不同文化背景下的消费者持有不同的文化价值观。对企业来说，任何企业都无法或很难改变这种价值观，而合理的营销策略应是努力去适应，以保持企业理念与社会文化价值观的一致，也就是说，企业应基于消费者的文化价值观来进行营销活动。因此，制订合适的产品策略、合理的价格策略、正确的渠道策略、有效的促销策略是企业进行营销活动并获得成功的途径。

二、社会群体与消费者心理及行为

（一）参照群体与消费者心理及行为

1. 参照群体的含义

参照群体是指对个人的行为、态度、价值观等有直接或间接影响的群体，其看法和价值观被个体作为当前的行为基础。参照群体是个体在某种特定情境下作为行为指南而使用的群体，它提供了评价消费者态度和行为方式的比较标准。当消费者隶属于某一群体时，他常常会将该群体作为自己的参照群体，然而当他发现该参照群体的标准与自己的理想标准有差异时，他会选择其他的群体作为参照群体。

市场营销人员必须努力识别出目标消费者的参照群体，这是因为：第一，参照群体使个人受到新的行为和生活方式的影响；第二，由于人们常常希望能迎合群体（即合群），故参照群体还影响个人的态度和自我观念；第三，参照群体还会产生压力，使个人行为趋向一致，从而影响个人对产品和品牌的实际选择。

案例链接

你所不知道的音乐营销

市场营销学家认为，音乐发生在社会、情感和认知的空间中。在我们的生活中，音乐无处不在，不管你是有意还是无意，音乐都会飘入你的耳朵。大多数广告都会使用背景音乐。不仅如此，音乐广泛地存在于商店、餐厅、购物中心、超市等会发生大量消费行为的地方。于是，音乐营销应运而生。

所谓"音乐营销"，就是以音乐为手段的营销，也就是企业利用音乐艺术的特征，增强与消费者的沟通和交流，满足消费者的需求，促进产品销售，达到企业营销目标的过程。研究报告称，音乐在认知、情感和行为层面上都可以影响消费体验。通常，轻音乐会让消费者感到放松、舒适，快乐的音乐能增强消费者的购物欲望。

音乐是具有情境性的，因此让音乐符合情境，就可以促进消费。比如在一家售卖高级葡萄酒的商店，比起播放当下最流行的音乐，播放古典音乐时，消费者更会选择品质更高级的葡萄酒，并且花费更多的钱。而在年轻人聚集的场所，播放流行歌曲显然比播放轻快活泼的儿歌更合适，这是因为流行歌曲更能引起年轻人的情感共鸣，让他们花费更多时间和金钱。

2. 参照群体影响消费者心理及行为的方式

人们总是希望自己能够与众不同、富有个性，然而群体的影响又是无处不在的。不管我们是否愿意承认，通常每个人都有与各种群体保持一致的倾向，并且大多数情况下，人们是无意识地与群体保持一致的。参照群体对消费者的影响主要表现为三种形式：信息性影响、规范性影响和价值认同影响。

（1）信息性影响

信息性影响是指消费者通过接受来自参照群体的有关信息，而实现与参照群体消费与购买的比较、参考和借鉴的影响形式。在这种形式的作用下，参照群体的消费与购买观念、行为、意见将通过信息传输的方式，影响消费者的心理与行动，使其在对照和比较中对自己的消费心理及行为进行调整与修订。

（2）规范性影响

规范性影响是指参照群体通过各种方式，以其准则、规范影响消费者，使消费者遵循这种准则或规范进行消费或购买的影响形式。这种方式的一种典型形式是示范，即通过各种展示、表现等形式，使消费者了解并接受其准则或规范，在消费与购买实践中执行其准则或规范。

（3）价值认同影响

价值认同影响指个体自觉遵守或内化参照群体所具有的信念和价值观，从而在行为上与之保持一致。当一个人购买某种产品的主要目的是因为该产品能够帮助他和其他人形成某种高度类似性时，价值认同影响便会产生。这是一种深层次的影响，消费者受到影响后接受这一价值观，其相应的心理反应是自主的、自觉的。

课堂讨论

在日常消费中，你会受到哪些消费心理的影响呢？请具体来说说。

3. 消费者的心理反应

消费者受到参照群体的影响，就会出现相应的心理反应，调整或改变消费与购买行为。具体的反应方式主要有以下几种。

（1）模仿

在参照群体的影响下，消费者欣赏、崇尚、接收其消费观念与方式，效法、模仿参照群体的消费结构与购买行为，通过不断学习，改变自己的消费方式，提高自己的购买能力。

（2）从众

当消费者缺乏消费或购买经验与能力时，会根据参照群体（更多的表现为多数人）的准则或规范进行消费；或者，当自己的准则、规范与行为同参照群体不一致时，消费者倾向于屈服于群体压力而改变自己的行为，从而与多数人保持一致。

（3）认同

这指的是消费者在思想深处，接受并内化参照群体的规范与价值，自觉自愿地、完全遵循参照群体的价值观、准则与规范进行消费，实现彻底同化。

（4）攀比

当受到参照群体的影响时，消费者不仅接受其消费观念与方式，而且可能做出更强烈的反应，形成要超越参照群体的强势动机，在原有消费走向的基础上再有创新，以超过参照群体。这是追求新潮时尚的消费者的常见反应。

（5）逆反

前面提到的都是参照群体对消费者心理的正向影响。其实，参照群体对消费者的负向影响也是存在的。当消费者受到否定参照群体的影响时，必然引发逆反心理，会反其道而行之，在消费上做出相反的选择。如有的学生不赞成个别学生过度消费，就会自我约束，转而更加节俭。

（二）家庭与消费者心理及行为

家庭是构成整个人类社会的基本单位，是构成社会有机体的基本细胞。人一生的绝大部分时间都是在家庭中度过的。家庭是购买、消费和处置各种产品的主体，同时也是影响消费者个体行为的一个重要社会因素。它不仅对其成员的消费观念、生活方式、消费习惯有重要影响，而且直接制约着消费支出的投向、购买决策的制定及实施。因此，家庭与消费者有着极为密切的关系，家庭是消费者心理及行为研究中不可缺少的一个环节，深入研究家庭对消费者心理及行为的影响具有非常现实的意义。

1. 家庭购买决策的角色

在家庭购买决策过程中，家庭成员扮演不同的角色，发挥各自的作用。

（1）倡议者

这指的是首先提出并促使家庭成员对某种产品产生购买兴趣的家庭成员。

（2）影响者

这指的是在形成购买意向或实施购买的过程中，向家庭成员提供产品的有关信息和购买建议并影响产品挑选的家庭成员。

（3）决策者

这指的是支配购买过程，有权单独或会同家庭成员做出购买决策的家庭成员。这是最重要的影响家庭购买决策的人。

（4）购买者

这指的是执行购买决策，亲自购买产品的家庭成员，其会对购买过程中的个别事项起影响作用。

（5）使用者

这是指具体使用家庭所购买产品的家庭成员，对是否购买及购买什么样的产品也有重要的影响作用。

2. 家庭购买决策的方式

由于家庭成员的结构、地位、素质、个性等因素的不同，不同的家庭，其决策支配者是不同的，从而形成不同的决策方式。根据家庭各成员在购买决策过程中的相互作用关系，我们可以归纳出以下四种家庭购买决策方式。

一是自主决策方式，即每个家庭成员都根据自己的需要和风格，独立地做出有关产品的购买决策。

二是丈夫主导决策方式，即家庭主要产品的购买主要由丈夫做决定。

三是妻子主导决策方式，即在家庭产品购买中主要由妻子做决策。

四是共同支配型决策方式，即在家庭购买重要产品时，家庭成员共同商量，集体做出决策。

在具体的购买活动中，家庭购买决策的形式会因产品性质的不同而有所不同。有研究表明，保险产品的购买通常由丈夫主导决策；度假、孩子上学、购买和装修住宅多由夫妻共同做出决定；清洁用品、厨具和食品的购买基本上是妻子做主；而像饮料、花园用品等产品的购买一般是由夫妻各自自主做出决定。研究还发现，越是进入购买决策的后期，家庭成员越倾向于共同决策。

3. 影响家庭购买决策的因素

家庭做出购买决策不外乎两种可能：一种是个人决策；另一种是集体商量，共同决定。不论采用哪一种决策形式，都必须考虑影响和制约决策的各种因素，特别是以下主要因素。

（1）家庭的经济收入

家庭的经济收入是影响家庭购买决策的最重要的因素。一般来说，家庭经济收入越高，购买力越强，其购买决策观念越淡薄，且容易被任何成员所接受；反之，其购买决策过程小心谨慎，家庭成员共同参与购买决策。

（2）所购产品的重要性

所购产品对家庭越是重要，家庭成员共同做出购买决策的可能性就越大。这里所讲的产品重要性是与它的价格（如高档耐用消费品）和用途（如以全家名义赠送给亲友的礼品等）相关联。

（3）家庭的民主氛围

民主氛围浓厚的家庭常常是在征求家庭中每个成员意见的基础上做出购买决策。而在家长制比较明显的家庭，一般情况下购买决策由一人做出。

（4）家庭分工

现代家庭分工趋势明显，家庭成员分工越具体（如父亲买油买米、母亲买菜做饭、女儿洗衣刷碗），家庭成员越有可能自主地做出与他们有关的购买决策。

（5）可觉察风险

购买决策存在一定的风险。家庭成员所觉察到的购买风险越大，他们就越可能共同做出购买决策；反之，家庭成员共同参与决策的可能性就越小。

课堂讨论

在日常消费中，各位同学的家庭购买决策属于哪种类型呢？请畅所欲言。

第二节　消费情景与消费者心理及行为

一、消费情景的概念

消费情景是指消费或购买活动发生时个体所面临的短暂的环境因素，如购物时的气氛、购物场所的拥挤程度、消费者的心情等。情景由一些暂时性的事件和状态构成，它既不是营销刺激本身的一部分，也不是一种消费者特征。

为了将消费情景的影响融合到营销战略中，我们首先必须对情景与给定产品和给定目标消费者相互作用的程度予以足够的关注。然后，应根据情景发生的时间、影响强度、对行为影响的性质来对其进行较系统的评价。例如，用于休闲活动的时间受物理环境（温度和气候）、社交因素以及个人心情的影响。为了有效地营销某种特定的休闲活动（例如音乐节），市场营销人员必须理解这些情景因素对消费者在某项活动上所花的时间和精力的影响。

二、消费情景的分类

根据消费者行为的不同，我们可以将消费情景分为四类：沟通情景、购买情景、使用情景和处置情景。

（一）沟通情景

沟通情景是指消费者接受人员或非人员信息时所处的具体情景。消费者是独处还是与他人在一起，消费者的心情好坏，消费者当下的状态是否放松，都影响着其消费行为。例如，某个消费者可能会因为他喜欢的球队刚刚输了比赛而降低购买欲望，在这种沟通情景下，一则内容愉快、舒缓的广告会比一个讲述悲伤故事的广告效果更好。同样，企业在与消费者沟通的过程中，要注重方式和方法。企业应当关注消费者的情绪和感受，过度的或者不当的推销行为不但不能达到理想的推广效果，还可能事与愿违，引起消费者对品牌的反感。

（二）购买情景

购买情景是指消费者在购买或获取产品时所处的情景。在购买情景中，信息的可获得性、信息量和信息的形式与格式这三个因素会影响消费者的决策质量。

（1）信息的可获得性

企业利用广告、宣传促销、推广等形式向消费者传递信息。消费者可以通过多种不同的途径或者渠道获取信息，并对信息进行处理，将其储存在大脑中。

（2）信息量

这主要是指消费者了解所购产品信息的数量与质量。例如，企业需要在产品包装的明显位置标明产品名称、主要成分、生产厂家、生产日期、限制使用日期等信息，方便消费者了解产品。

（3）信息的形式与格式

产品信息要采用文字、图片等清晰明确且易于理解和记忆的形式展现出来，方便消费者了解产品。

（三）使用情景

使用情景是指消费者在消费或使用产品时所面临的情景。产品的使用情景是一系列活动场景中人与物的行为活动状况，强调了使用产品过程中的人、物的关系及使用情境中人、物的关联性。使用情景不仅影响产品的使用和消费，而且影响消费者的购买决定。消费者在不同的使用情景中，对同一类产品会表现出不同需求。企业常将使用情景与消费者需求相结合，巧妙定位自身产品。例如，"怕上火，喝王老吉"这句广告语将吃火锅的情景和凉茶联系起来，在两者之间建立起了强烈的关联性，潜移默化地影响消费者的行为，很多消费者在吃火锅时，会自然而然地联想起王老吉凉茶。

案例链接

短视频营销

随着网络的普及，很多人意识到，短视频是一个推广产品、为消费者带来感官享受的绝佳手段。短视频将镜头转向产品，为产品加入个性化的元素，并呈现相应的促销信息，其转化率比传统营销方式高得多。对于品牌来说，短视频营销是一个充分展示品牌文化和特点的机会，品牌需要在很短的时间内输出他们想要表达的重点，将其呈现给消费者，同时也向消费者传递品牌的价值观。例如，巴宝莉（Burberry）是一个具有浓厚英伦文化背景的著名品牌，长久以来，它是奢华、品质、创新以及经典的代名词。巴宝莉曾在照片墙（Instagram）上推出了一个短视频，呈现了模特动态走秀图。这样的传播效果比一张张静态的图片展示效果要好很多。对于观看者而言，其相当于在短短的十几秒内粗略地看了一场时装秀，同时也对巴宝莉的品牌和产品有了了解。

课堂讨论

　　我们在消费或使用产品时，会遇到哪些情况？结合自己的学习和生活经历展开讨论。

（四）处置情景

　　处置情景是指消费者在使用产品以后处理产品的情景。处置情景强调的是产品本身的属性对消费者选择使用产品后处理产品方式的影响，同样，其也会对新产品的购买决定产生影响。对旧产品的处理通常是在购买新产品之前或与购买新产品同时进行的。如二手手机的价格会影响到新手机的购买行为；垃圾的分类回收促使企业关心产品包装方式和包装材料的选择。再如，随着消费者垃圾分类意识的日益提升，一些消费者认为方便处置是产品本身的一项重要属性，这些消费者会更青睐那些易于回收的产品。

三、网络消费情景与消费者行为

　　对于网络购物来说，消费情景主要体现在网络平台的页面上。设计精美的平台页面会为消费者创造愉快的感官享受，更好地衬托产品，使消费者在浏览页面时心情舒畅，延长停留时间，提高下单率。另外，页面设计精美的线上平台会让消费者感觉到卖家态度认真，增强其安全感和购买信心。

知识拓展 8-3
喜茶是怎样走进
年轻人心中的？

　　随着移动终端的普及，消费者的线上购物更多地出现在移动设备上，因此网络消费又被称为移动购物。与传统购物方式相比，网络购物情景下的消费特征主要体现在以下几个方面。

　　1. 信息获取方便

　　移动互联网环境下，个体消费者拥有更多的消费主动权。在具体情景下，消费者多会通过 App、微信小程序等随时随地查询产品、价格和服务等场景性信息，货比三家，同时查看他人的评论和推荐，从而形成一定的偏好和选择。

　　2. 购物流程快速

　　和传统线下购物相比较，消费者通过网络购物不需要花费太多的时间、精力和体力，信息查询方便快捷，流程简单，冲动性购买行为特点显著。近几年，直播带货成为热门，很多消费者热衷于在直播间下单购物，购物过程更为快速。

　　3. 客户群定位精确

　　随着技术的进步，大量电商平台都采用大数据技术，基于精准定位为消费者提供个性化服务。例如，平台会显示消费者所在区域的餐馆、商场、停车场，为某一商家向周围一定距离范围的消费者推送产品、服务或促销活动等信息，根据大数据分析的结果选择合适的时间推送信息等，这些举措都降低了商家的获客成本。

4. 移动支付便捷

消费者可以通过移动终端一键下单，移动支付技术的发展和普及使消费者移动购买的支付过程更为简单流畅。

5. 方便开展售后体验和宣传

消费者在移动终端购买结束后，有时会通过社交媒体分享其收获或感受，包括购物体验、产品照片以及其他相关信息。满意的消费体验分享为商家形成了积极的口碑宣传效应。

本章小结

文化是历史的社会现象，对消费者具有普遍影响。每个社会都有与之相适应的社会文化。人类创造了文化，文化反过来对人类生活的各个方面都产生了深远的影响。作为宏观社会环境的主要方面，文化对消费者具有普遍影响。

消费者心理及行为还会受到社会群体的影响。这主要表现在：第一，参照群体提供了评价消费者态度和行为方式的比较标准；第二，家庭是购买、消费和处置各种产品的主体，同时也是影响消费者个体行为的一个重要社会因素。

消费情景是指消费或购买活动发生时个体所面临的短暂的环境因素，如购物时的气氛、购物场所的拥挤程度、消费者的心情等。根据消费者行为的不同，我们可以将消费情景分为四类：沟通情景、购买情景、使用情景和处置情景。

复习与思考

一、简答题

1. 什么是亚文化？

2. 简述家庭购买决策的方式。

3. 和传统文化相比，网络文化具备什么特征？

4. 简述参照群体的定义。

5. 网络购物情景下的消费特征主要有哪些？

二、案例分析

红叶超市的营销策略

红叶超市营业面积 260 平方米，位于居民聚集的主要街道上，附近有许多同类超市。红叶超市的营业额和利润虽然不算太差，但是与同等面积的超市相比，还有很大的上升空间。红叶超市的工作人员通过询问部分消费者的意见，得知很多消费者认为店内拥挤杂乱，产品质量差、档次低。听到这些反馈，红叶超市的经理感到诧异，这是因为红叶超市的消费者没有同类超市多，每当附近其他超市人头攒动，红叶超市往往较为冷清，怎么会拥挤呢？红叶超市的产品都来源于正规渠道，货真价实，与别的超市基本相同，消费者怎么会说这里的产品质量差、档次低呢？

经过对红叶超市购物环境的分析，经理发现了真实原因。原来，红叶超市为了充分利用空间，柜台安放过多，过道太狭窄，购物高峰时期就会造成拥挤，消费者不愿入内，即使入内，也不易找到所需的产品，往往是草草转一圈就很快离去；红叶超市灯光昏暗，货架陈旧，墙壁和屋顶多年没有装修，优质产品放在这种背景下会显得质量差、档次低。

为了提高竞争力，红叶超市的经理痛下决心，拿出一笔资金对超市购物环境进行彻底改造，包括重新装修了地板、墙壁、屋顶，更换照明设备，减少柜台数量，加宽走道，效仿其他超市摆放柜台和产品，以方便消费者找到产品。重新开业之后，大家立刻见到了效果，第一个星期的销售额和利润比过去增加了 70%。可是，随后销售额和利润又不断下降，半个月后就降到了装修前的水平，一个月后，甚至低于以往的水平。为什么会出现这种情况呢？

经理通过观察发现，有些老顾客不来购物了，超市吸引了一批新顾客，但是新增的顾客数量没有流失的老顾客多。对部分顾客的调查表明，顾客认为购物环境是比原先好了，产品档次也提高了，但是产品摆放依然不太合理，同时产品价格也提高了，别的超市价格更便宜，因此一批老顾客就到别处购买了。听到这种反映，红叶超市的经理再次感到诧异，因为红叶超市装修后产品的价格并未提高，只是调整了产品结构，减少了部分微利产品，增加了正常利润和厚利产品，其价格与其他超市相同。经理很头疼，究竟怎样才能适应顾客呢？

讨论：

（1）红叶超市原先的购物环境中有哪些因素不利于吸引顾客的注意？

（2）红叶超市原先的购物环境导致顾客对其所售产品产生了怎样的认知？装修后的购物环境又导致顾客产生了怎样的认知？

（3）红叶超市应当怎样改造购物环境，才能吸引消费者的注意力，并诱导消费者的认知朝着经营者希望的方向发展？

三、项目实训 1

1. 实训目标：深入了解家庭对消费者心理及行为的影响。

2. 实训要求：考察最近的一次家庭购买行为。

3. 实训内容

请分析自己的角色在家庭消费购买中起到什么作用，可以从以下角度展开分析。

（1）为什么要进行这次购买？

（2）此次购买中，父母、自己、兄弟姐妹扮演了什么样的角色？

（3）此次购买行为受到了哪些因素的影响？试列出 3 到 5 个。

4. 实训成果及考核要求

（1）以书面作业的形式上交。

（2）要求写出角色对购买决策的影响。

（3）对影响因素要有所分析。

四、项目实训 2

1. 实训目标：深入了解网络消费情景对消费者行为的影响。

2. 实训要求：考察最近的一次网上购买行为。

3. 实训内容

请分析自己作为消费者在最近进行的某次网上购物的心理及行为，可以从以下角度展开分析。

（1）线上购物平台一般有哪些？你选择了哪个购物平台？

（2）此次线上购买中，外部哪些因素对你的购买行为产生了影响？试列出几个。

（3）分析自己在手机端购物时的心理，简述自己主要关注产品的价格、品牌还是其他方面。

4. 实训成果及考核要求

（1）以书面作业的形式上交。

（2）要求写出所购买的产品。

（3）对影响因素要有所分析。

第九章 消费者的购买决策

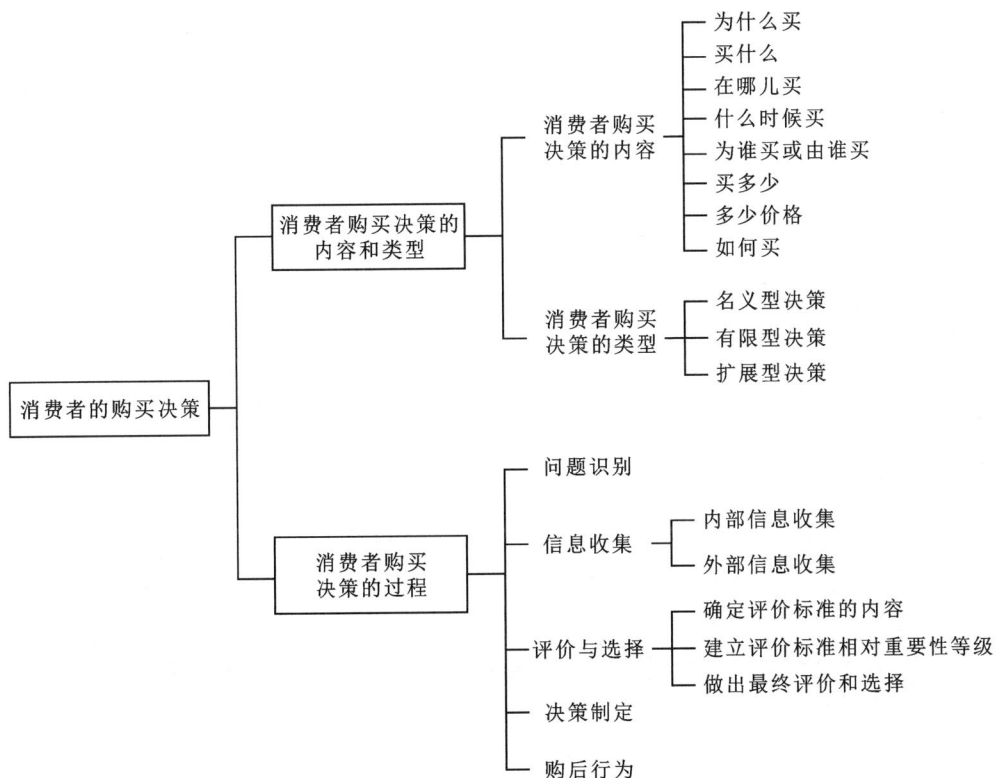

知识目标

- 熟悉消费者购买决策的基本概念及类型。
- 掌握消费者购买决策过程的主要步骤。

能力目标

- 能够根据消费者的购买决策过程制订相应的营销策略。
- 能够通过制订营销策略有效引导消费者做出购买决策。

素养目标

- 培育人本意识和共建美好社会的价值观念。
- 树立理性消费观，不盲目消费。

情境导入

小明购买手机的经历

小明是一位年轻的白领，最近打算购买一部新手机。他对手机的需求主要有：良好的拍照功能、流畅的系统运行速度、容量较大的存储空间、长时间待机以及价格适中。在网上进行了一番调研后，小明列出了以下几个主要的购买选项。

选项一：品牌 A 的高端手机。

这部手机的拍照功能非常出色，系统运行速度也很快。存储空间较大，可以满足小明的需求，但是这部手机的价格较高，超过了小明的预算。

选项二：品牌 B 的中端手机。

这部手机的拍照功能较好，系统运行速度也比较快。存储空间虽然不大，但对于日常使用来说已经足够了。手机的价格适中，在小明的预算范围内。

选项三：品牌 C 的入门级手机。

这部手机的拍照功能一般，系统运行速度相对较慢。存储空间较小，不符合小明的需求。但这部手机的价格非常便宜，远低于小明的预算。

在综合考虑了这三个选项后，小明做出了自己的购买决策。

首先，小明认为拍照功能对于他非常重要，因为他经常参加各种聚会，喜欢旅行，在这些场合下拍照留念是他的习惯。因此，选项一的高端手机成了一个不错的选择。然而，由于品牌 A 的高端手机价格过高，小明不得不放弃它。

其次，小明需要手机系统运行流畅。品牌 B 的中端手机能够满足他的需求，也在他的预算范围内。虽然存储空间较小，但对于小明来说并不是个大问题。

最后，小明考虑到入门级手机的拍照功能和存储空间都不符合他的需求，尽管价格非常低廉，但他认为不值得考虑。

综上所述，小明最终选择了品牌 B 的中端手机。他在考虑了价格、拍照功能、系统运行速度和存储空间等因素后，做出了符合他需求和预算的选择。

第一节　消费者购买决策的内容和类型

一、消费者购买决策的内容

消费者的购买决策是指消费者发现问题，寻找解决方案，对诸多方案进行评价和选择，并对选择结果再进行评价的过程。对于消费者来说，了解购买决策的内容可以使其消费行为更加理性，最大限度地满足自身需求。当今市场经济活动中，消费者所遇到的决策问题主要表现在以下几个方面。

（一）为什么买（why）——确定购买目的

消费者购买某种产品的目的就是满足自身的某种需求或解决某种问题。消费者为什么购买某特定产品？为什么买 A 而不买 B？市场营销人员要了解的是消费者所追求的产品利益点究竟是什么。如牙膏的利益点包括保持口气清新、防止蛀牙、使牙齿更洁白等。每一种利益点的诉求对象都不太相同，高级轿车（如奔驰）除了提供舒适平稳的驾驶体验，还能为消费者提供心理满足，如成功的象征、自我满足感等。由此可见，购买目的复杂多样，不一而足。

（二）买什么（what）——确定购买对象

确定购买对象是购买决策的核心内容。消费者不仅要确定购买的产品类别，而且要确定即将购买的产品的品牌、型号、款式等。例如，夏季到了，为了防暑降温，消费者不能仅仅从买空调还是买电风扇中做出抉择。如果决定买空调，还必须明确空调是买柜机还是挂机，选择哪个品牌、哪个型号等。

（三）在哪儿买（where）——确定购买地点

消费者决定购买地点时受多种因素的影响，诸如路途的远近、可挑选的产品品种数量、价格以及商家的服务态度等。一般说来，不同商家可能会有不同的吸引力。比如说，某个商家可供选择的货物品种不多，但离家很近；某个商家产品的价格略高，可是服务周到。消费者决定在哪里购买与其买什么关系十分密切。例如，有研究发现，消费者购买衣服时最常见的决定顺序是商家类型、品牌、购物地点，而购买相机的决定顺序是品牌、商家、购物地点。

（四）什么时候买（when）——确定购买时间

消费者购买时间的确定同样受很多因素的影响，如消费者的闲暇时间、消费者的购买力、促销活动等，其中最主要的可能是需要的迫切性。如果消费者急需某种产品，其很快就会进行购买，以便自己能立即使用。这种购买的迫切感可能是由于消费者自身确实需要引起的，但商家也可以通过有针对性的营销活动让消费者产生这种迫切感，尽快做出购买行为。

（五）为谁买或由谁买（who）——确定使用者和购买者

消费者所使用的产品并非都是亲自购买的，同样，消费者购买的产品也并非都由自己使用。在消费过程中，消费者所扮演的角色包括以下五种：提议者，即首先提出或有意购买某一产品或服务的人；影响者，即看法或建议对最终决策有一定影响的人；决策者，即在是否购买、为何购买、何处购买等方面做出最终决定的人；购买者，即实际实施购买行为的人；使用者，即实际消费或使用产品或服务的人。

（六）买多少（how many）——确定购买数量

购买数量取决于消费者的实际需要、支付能力及市场的供求情况等因素。如果某种产品在市场上供不应求，消费者即使目前并不急需或支付能力不强，也可能立即购买；反之，如果市场供给充裕或供过于求，消费者既不会急于购买，也不会购买太多。

（七）多少价格（how much）——确定购买价位

消费者的经济收入在一定程度上决定了消费者的消费档次。对于同样的产品，不同的购买动机也决定了消费者的最终支出会有很大不同。

（八）如何买（how to buy）——以什么方式购买

购买方式的选择会受若干因素的影响，例如消费者的个性、受教育程度、职业、年龄、性别等。比如，同样购买一台手机，有人选择上网购买，有人选择在实体店购买。

二、消费者购买决策的类型

依据不同的标准，我们可以将消费者购买决策分为不同的类型。例如，按照决策的风险性，可以将消费者购买决策分为确定型决策、风险型决策和不确定型决策。目前比较常见的分类标准是消费者的购买介入程度。所谓购买介入，就是指消费者由某一特定购买需要而产生的对决策过程关心或感兴趣的程度。它受个人、产品、情境特征的相互作用的影响。例如，消费者最喜某个手机品牌，他可能觉得它胜过其他任何品牌，从而对其形成强烈的偏好。当他购买手机时，不需要太多思考，他总会毫不犹豫地选择这一品牌的手机。

根据消费者购买介入程度由低到高的变化，我们可以将消费者购买决策分为名义型、有限型和扩展型三种，具体如图 9-1 所示。需要指出的是，这三种类型之间并非泾渭分明，而是相互交叉的。

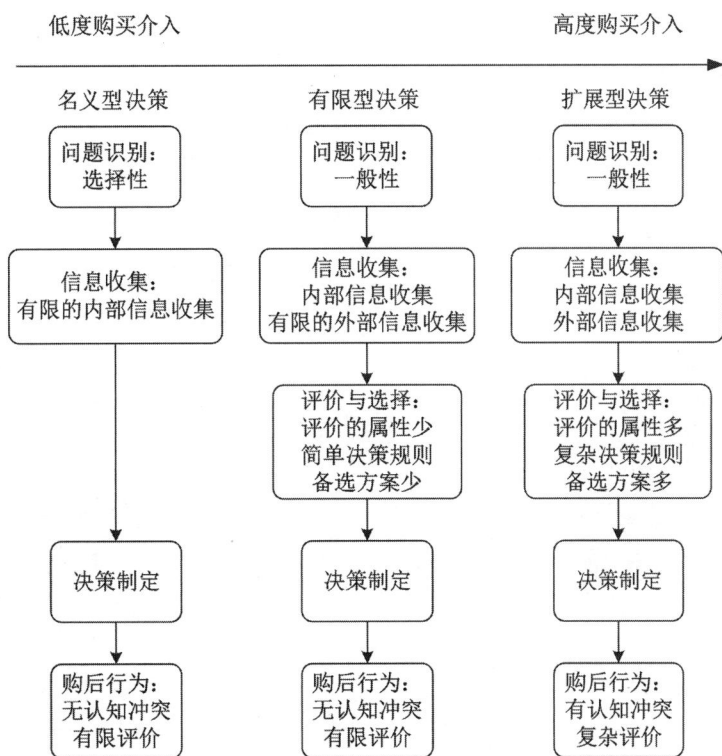

图 9-1　消费者购买决策的类型

（一）名义型决策

名义型决策，实际上就其本身而言并未涉及决策。如图9-1所示，一个问题被识别后，经内部信息收集（长期记忆），消费者脑海里马上浮现某个偏爱的品牌，该品牌的产品随之被选择和购买。只有当被选产品未能像预期那样运转或表现，购后评价才会产生。名义型决策往往发生在消费者对购买的介入程度很低的情况之下。比如，某位消费者发现家里的佳洁士牌牙膏快用完了，于是决定下次去超市时再买几支，而根本没想到用别的牌子的牙膏来代替它。

名义型决策通常分为两种：品牌忠诚型决策和习惯型购买决策。品牌忠诚型决策是指消费者认定某一品牌较竞争品牌能更好地满足其需要，对该品牌形成了情感上的依赖，长期反复选择该品牌。由于消费者对该品牌形成了偏好和忠诚，竞争品牌很难赢得其青睐。习惯型购买决策和品牌忠诚型决策在外在形式上表现一致，即消费者长期重复选择某一品牌。然而，与品牌忠诚型决策的情况不同，持习惯型购买决策的消费者重复选择某一品牌是因为他认定不同品牌其实没有实质性差异。如果遇到竞争品牌降价，或者竞争企业采取强有力的促销手段，消费者可能会转换品牌，并且无须做太多的斟酌和思考。

案例链接

雪碧的联名行动

在网络购物已成为主流的当下，企业和品牌的营销活动呈现出"电商量大"的变化趋势。雪碧作为知名饮品品牌，虽然在线下拥有深入的渠道和布局，但存在着网络渗透率低、消费者购买动机不明确、电商声量不及线下、品牌电商形象待强化等痛点。

为解决这些问题，雪碧通过大数据分析，认为联名能提升品牌在网络上的曝光率，吸引更多年轻的消费者。2020年夏季，雪碧联名运动品牌安踏，后者推出了含有雪碧品牌元素的运动鞋、服装等，这些产品以简洁随性的设计和广受喜爱的雪碧品牌元素，旨在为消费者提供畅饮雪碧般的酷爽感受，打造炎炎夏日里的一抹清凉。2023年，雪碧宣布与北京环球度假区联名打造的包装上市，消费者购买联名包装产品，只需扫描雪碧瓶身二维码，就有机会赢取北京环球影城门票。一系列联名行动为雪碧吸引了很多年轻的消费者，销售额也实现了明显增长。

（二）有限型决策

有限型决策是介于名义型决策和扩展型决策之间的一种决策类型。从最为简单的情形看（购买介入程度最低时），它与名义型决策相似。比如，消费者在超市里注意到了陈列在货架上的某品牌口香糖，顺手拿了两盒。此时，消费者凭借的只是印象中的这个品牌的口香糖味道还不错，或自己已经好久没买过这个品牌的口香糖了，此外，消费者并未收集更多信息。还有一种情况是，消费者可能遵循某一条决策规则，比如选择最便宜的速溶咖啡品牌。当家里的咖啡喝完时，消费者如果置身于超市的咖啡货架前，就会查看一下各种咖啡的价格，挑选一款比较便宜的产品。

有限型决策有时会因情感性需要或环境性需要而产生。这类决策可能只涉及对现有备选品新奇性或新颖程度的评价，而不涉及其他方面，消费者也可能会根据别人实际的或预期的行为对购买进行评价。总的来说，有限型决策涉及对一个有着几种选择方案的问题的认知。信息的收集主要来自内部，外部信息收集比较有限，备选产品不太多，并且消费者会运用简单的选择规则从相对较少的几个层面进行评价。除非产品在使用过程中出现问题或售后服务不令人满意，否则，消费者事后很少对产品的购买与使用进行评价。

（三）扩展型决策

扩展型决策发生在购买介入程度很高的情况下。这种类型的决策涉及广泛的内部、外部信息收集，并伴随对多种备选品的复杂比较和评价。消费者在购买产品之后，很容易对购买决策的正确性产生怀疑，从而引发对购买的全面评价。这种决策类型是消费者购买决策中最复杂的一种，由于产品品牌差异大，消费者对产品缺乏了解，因而需要有学习的过程，在这个过程中，消费者广泛了解产品性能、特点，从而对产品产生某种看法，最后决定购买。例如，消费者想购买一套房子，事前他会经过长时间的信息收集，了解商品房市场的价格、支付方式、流行房型等方面的知识，会经常去销售现场看一看，实地体验一下。

消费者购买产品的决策类型并不是固定不变的，其会随着各种条件的变化而不断发生变化。如一位女士第一次买酱油时，不会采取名义型决策，而是采取有限型决策，但当她重复购买几次以后，或熟悉不同品牌的酱油之后，她就会采取名义型决策。又如，最早采用扩展型决策的消费者，也可能在将来的购买中采取有限型决策甚至名义型决策。

第二节　消费者购买决策的过程

消费者购买决策的过程如图 9-2 所示，一般分为五个阶段，即问题识别（problem recognition）、信息收集（information search）、评价与选择（alternative evaluation）、决策制定（purchase）、购后行为（post-purchase）。

```
问题识别 ➡ 信息收集 ➡ 评价与选择 ➡ 决策制定 ➡ 购后行为
```

图 9-2　消费者购买决策的过程

一、问题识别

问题识别是消费者决策过程的第一步，它是指消费者意识到理想状态与实际状态之间存在差距，因而需要采取进一步行动。所谓理想状态，是指消费者当前想要达到的状态，而实际状态则是指消费者对当前的感受及处境的认知。消费者对问题的识别过程如图 9-3 所示。

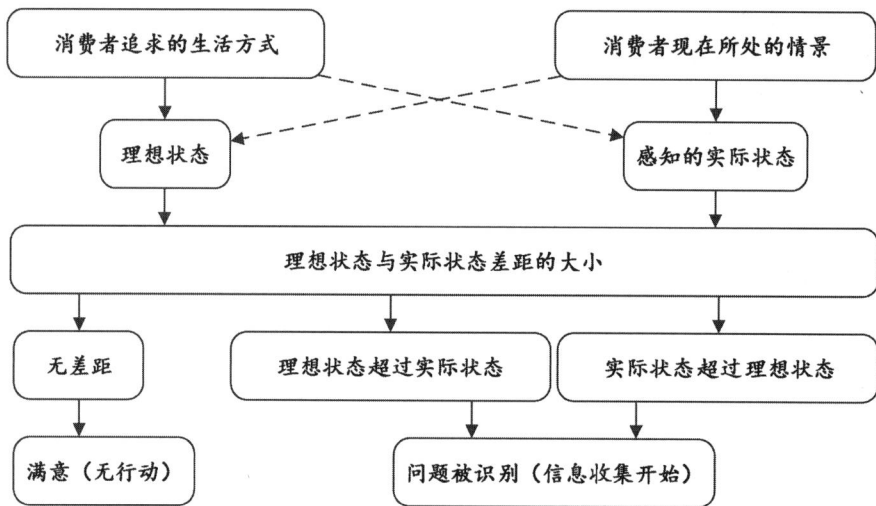

```
消费者追求的生活方式                消费者现在所处的情景

        理想状态                        感知的实际状态

        理想状态与实际状态差距的大小

  无差距        理想状态超过实际状态        实际状态超过理想状态

满意（无行动）              问题被识别（信息收集开始）
```

图 9-3　消费者对问题的识别过程

数字时代，信息传播速度加快，内在和外在的刺激都会使消费者产生需求。在此阶段，企业必须通过市场调研，确定促使消费者确认需要的具体因素，从而巧妙地推销自己的产品，使之与消费者的需要挂钩。因此，市场营销人员应注意不失时机地采取适当措施，唤起和强化消费者的需要。

二、信息收集

消费者在认清需求并确认问题后，就会进入信息收集的过程，其目的是获取能够解决问题的产品信息。根据信息的来源，可以将消费者的信息收集分为两种类型：内部信息收集和外部信息收集。

（一）内部信息收集

内部信息收集是消费者将储存在记忆中的有关产品、服务和购买的信息提取出来，以解决当前面临的消费问题的过程。这种信息很大程度上来自消费者以前购买该产品的经验。假设某消费者的计算机出了问题，他可能要考虑购买一台新的计算机。消费者从记忆中提取的信息大致包括以下三种类型。

一是关于产品评价标准的信息，如购买计算机时希望它具备哪些基本特征，如中央处理器的性能、内存容量、硬盘大小等。

二是关于产品的品牌信息，如市场上有哪些品牌的计算机。

三是关于备选品牌具体特征或属性的信息，如备选品牌的性能、价格、维修便捷性等方面的具体信息。

（二）外部信息收集

如果通过内部信息收集未找到合适的解决办法，消费者就会进行外部信息收集，即通过朋友、熟人、专业服务机构获得更多的解决该问题的信息。

外部信息收集一方面可以使消费者了解市场上有哪些可供选择的品牌，明确应当从哪些方面对这些品牌进行比较；另一方面，也可以使消费者获得关于产品评价标准及其他相对重要的信息，掌握不同品牌在产品属性上的差异性数据。外部信息主要有三个来源。

（1）个人来源

亲戚和朋友是典型的外部信息来源。在与亲戚和朋友的聊天中，消费者会获得关于产品的信息，并且有相当一部分的消费者喜欢接受别人的建议，将其作为购物指南，尽管介绍产品的人的认识或消息来源有时也不十分准确。

（2）公共来源

公共来源的范围较广，可以是政府或其他组织的评奖，也可以是报纸或杂志中关于产品的评论与介绍，还可以是媒体上关于产品的介绍。在社交媒体时代，公共来源的信息途径变得多样、便捷，主要有以下途径。一是通过网络红人或品牌方在社交媒体上发布的信息获取资讯，如微博、微信、抖音、小红书等。二是通过查阅、浏览其他消费者的购后评价来获取信息。

案例链接

小红书"214 独爱之夜"

2021 年 2 月，小红书推出中国首档实景剧式音乐创演秀晚会"214 独爱之夜"。在各大平台都在抢占春节联欢晚会的市场时，小红书另辟蹊径，选择在情人节联合优酷、江苏卫视推出这场看起来有些另类的晚会。这场晚会通过男女主角的剧情演绎和知名歌手的演唱，串联起"遇、恋、独、爱"四个故事篇章。

从创意上来说，这场晚会一改往常以内容为落脚点或以电商促销为目的的思路，为相对饱和的晚会市场提供了一个全新的视角。

就内容来说，这场晚会为小红书的用户量身打造。据统计，截至 2020 年 7 月，小红书已经拥有 1 亿月活跃用户，每天笔记曝光 80 亿次。作为内容社交类移动应用，小红书是一个女性流量平台，也是一个从早期的美妆、时尚内容分享发展到现在的集情感、旅游、娱乐等内容于一体的综合社区。晚会当中的毕业仪式、海边散步、餐厅约会、街边演出、搭乘公交等场景与女性用户日常活动和平台使用场景高度契合。

这场晚会试图传递的价值观是"不为谁而活，不为爱而爱，我首先是我，双向奔赴才有我们"，引导当代青年树立正确的爱情观、价值观。

（3）产品来源

外部信息收集中的产品来源包括产品广告、推销员的介绍、商店的陈列或产品包装上的说明等，不过来自这些途径的信息对消费者来讲有时会有先天性的偏差，消费者可以同意或相信，也可以提出问题或根据自己的经验做其他评论。

例如，强生公司在推出其新配方的婴儿沐浴液时，产品信息、产品示范、研究报告、杂志广告均以儿科医生和护士为对象，让其以健康护理专家的身份与年轻的妈妈进行直接的沟通。同时，强生公司在各种出版物上刊登广告、优惠券，还制作了一部探讨父母与孩子纽带关系的影片，在很多教育机构、医院循环播放。

外部信息来源对于消费者信息收集和购买决策具有不同影响：其一，大众媒体信息来源在消费者购买决策过程中起到告知和劝说作用，帮助消费者了解产品及品牌特征；其二，消费者之间通过口头传播的购买信息，往往被认为具有更高的可信度；其三，不同来源的购买信息起到相互补充和相互增强的作用，消费者往往综合考虑多种来源的信息，然后做出购买决策。

三、评价与选择

消费者在信息收集的基础上，对备选产品或品牌进行评价，其首先必须建立一定的评价标准。所谓评价标准，也称选择标准，实际上是消费者在选择备选品时所考虑的产品属性或特征。

对于不同的消费者，各种评价标准的重要性是不同的。即使对于同一个消费者来说，评价标准的重要性也会因环境而异。例如，某一消费者在大多数情况下把食品的价格看作重要的标准，但在赶时间的情况下，服务速度和便利性会变得更重要。

案例链接

小陈购买冰箱的经历

小陈是一家中小型贸易公司的行政主管，考虑到家庭实际生活的便利需求，小陈夫妇决定购买一台冰箱。小陈夫妇对产品的考虑主要以物美价廉为主，要能够适合两口之家的生活需要，产品质量有保证，售后服务优良。小陈和爱人上网了解了居住地周边几家百货商场的情况，也了解了像苏宁电器、国美电器等几家大卖场的情况后，发现一般商场会在节假日举办大型促销活动，特别是家用电器，"五一"和"十一"这样的假期是各商家大力促销的时间，价格相比平时有较大的优惠，所以他们决定在"五一"期间实施购买计划。

随后，他们发现家电市场竞争激烈，有众多国内外品牌，型号也繁多。他们咨询了周围的同事，也到大卖场收集了产品宣传手册，并通过网上的信息对不同品牌的冰箱进行了解。通过对不同品牌的多款产品进行比较后，小陈夫妇初步把可考虑的品牌定在西门子、海尔、伊莱克斯、荣声等几个品牌上。除此之外，小陈夫妇要求冰箱的容积要够大，并希望购买的冰箱具有银色的金属外观，较高的品牌知名度，用起来操作简便。他们还认为合适的价格、环保节能和良好的售后服务是必须考虑的要素；另外，冰箱要具有除菌功能。

最终，因为冰箱这种家用电器的特殊性及大卖场价格更加优惠，并且商场的品牌形象、实力、口碑、服务等因素更有保障，小陈夫妇就到国美电器某门店购买了西门子的一款冰箱。使用了一周，小陈发现冰箱压缩机在启动时声音有些大。小陈拨打了西门子客服电话，工作人员上门对冰箱做了校准，噪音问题得到了有效的改善。小陈夫妇对西门子的售后服务非常满意。

（一）确定评价标准的内容

要判定某一具体购买决策中消费者采用了什么评价标准，市场营销人员可以采用直接方法或间接方法。

直接方法包括询问消费者在特定购买决策中使用了何种信息，或者在某一特定环境中或集中小组访谈中观察消费者的言行。当然，直接方法建立在消费者能够并且愿意提供有关产品属性信息的假设之上。

与直接方法不同的是，间接方法假定消费者不会或不能陈述他们的评价标准。常用的间接方法主要有投射技术和知觉图像。投射技术让消费者指出他人可能会采用的标准，这里的他人当然很可能就是消费者本人，由此市场营销人员能间接确定该消费者所应用的标准。这种方法在发现和识别情感型标准时尤为有效。知觉图像方法首先要求消费者判断备选品牌的相似性，然后将这些判断用计算机处理后得出各品牌的知觉图像（或知觉图）。消费者并没有指明具体的评价标准，而只是对所有备选品牌的相似性进行排序。最后能获得一个知觉图，消费者的评价标准实际上就是这个知觉图的维度。

（二）建立评价标准相对重要性等级

了解了消费者所采用的评价标准，接下来要确定的就是各种评价标准的相对重要性。对于某一次具体的购买行为，如购买一部手机，不同消费者赋予同一产品不同属性的权重是不同的。有的最看重质量，有的最看重价格，有的则十分注重某些特殊的功能。

确定各评价标准的相对重要性，既可以采用直接测量法，也可以采用间接测量法。直接测量法经常用到常数和量表。这种方法要求消费者为每一产品不同属性的相对重要性赋予相应的权数，并使权数之和为 100。例如，在确定某消费者购买手机时的评价标准及重要性权数时，我们可以得到如表 9-1 所示的结果。

表 9-1　某消费者购买手机时的评价标准及重要性权数

评价标准	重要性权数
价格	10
屏幕	5
性能	35
续航时间	25
相机像素	15
品牌	5
售后服务	5

如表 9-1 所示，该消费者将手机性能的重要性列于所有属性之首，续航时间和相机像素位居其次，价格、屏幕、品牌和售后则不是特别重要。可能还有其他评价标准，如手机外观等，但对于这位消费者来说，它们要么不重要，要么各品牌差别不大，故其他评价标准隐性地得到一个得分为零的权数。如果一个重要的属性被忽略，那么这种方法得出的结果便无效。因此，市场营销人员必须确信所有显著属性都已经被纳入考虑范围。

最常用的间接测量法是相关分析法。该方法要求消费者对具有相同属性但不同水平的一系列产品做出整体偏好评价，然后对数据进行分析，得出各种属性的相对重要性排序。相关分析法局限于研究者所列出的属性，若某一重要属性被忽略，那么研究者很可能得出错误的预测结果。另外，相关分析法并不适用于测试情感型的或受感情左右的产品决策，如在对香水进行的相关分析测试中，研究者就很难列出可供测试的属性。

课堂讨论

在关于选择数量的研究中，有结论显示，供选择的产品数量越多，消费者就会更愿意做选择，并且对选择结果更满意。但是，如果选择数量超过消费者的认知和处理能力，就会使选择过程变得困难。这种困难会使消费者延迟甚至放弃购买，即使购买后也可能降低满意度，引发消费后悔情绪。

从大量可供选择的对象中做出决定实在太难了，这时人们就会"走捷径"，选那些更容易找到理由做出判断的产品。例如，消费者会将产品分为"美德产品"和"恶习产品"。美德产品是指那些需要自律、对健康有益的产品，这些产品往往注重实际功能，消费过程的享受性则差强人意。恶习产品则是指那些消费过程令人愉悦，但对消费者健康不利的产品，这种产品也被称为"放纵产品"。全麦面包属于典型的美德产品，而雪糕是一种典型的恶习产品。

但是，当消费者为自己选择恶习产品找到一个"正当理由"时，这种效应就会发生反转。例如，当学生完成了一场准备了很久的考试后，如果广告告诉他们要慰劳自己，这些学生就会更倾向于选择雪糕而不是全麦面包。选择太多，做决定好难，请说说日常生活中你做选择的故事吧。

（三）做出最终评价和选择

根据评价标准的相对重要性对产品或服务进行分析和判断后，消费者需要对不同方案在具体评价标准上的表现进行判断，给出相应的评价值，并对不同的产品或服务做出最终评价和选择，从而形成对产品或服务的态度和品牌偏好。可以采用的评价原则有最大满意原则、相对满意原则、遗憾最小原则和预期满意原则等。

四、决策制定

消费者通过对可供选择的产品进行评价并做出选择后，就会做出立即购买、延期购买或放弃购买的购买决策。如果选择立即购买，其决策还包括品牌决策、卖主决策、数量决策、时间决策、付款方式决策等多个方面的内容。

消费者对产品信息进行比较和评价后，已形成购买意向，但购买意向并不一定导致实际的购买行为，还会受到以下因素的影响。

（1）他人的态度

反对态度越强烈，或者持反对态度者与购买者关系越密切，购买意向被修改的可能性就越大。在网络消费过程中，他人态度对消费者的影响尤为重要。例如，消费者在选购时，喜欢浏览产品销售评价页面，或者阅读社交媒体上关于该产品的讨论。

（2）意外的情况

如果发生了意外的情况（如消费者自己失业或家庭成员失业、产品涨价等），消费者很可能改变购买意向。

（3）可认知风险

这里指的是消费者面临的购买产品后可感知的损失、危害和风险，如消费者购买房产后可能发生的贬值和降价风险。

在这一阶段，市场营销人员一方面要向消费者提供更多、更具体的有关产品的信息，便于消费者把握和了解；另一方面，应通过服务形成方便消费者的条件，加深其对产品的良好印象。同时，市场营销人员应尽可能地了解使消费者犹豫和导致风险的因素，设法排除障碍，降低风险，促使消费者做出最终的购买决策。

五、购后行为

消费者根据自身购买、使用并处置产品过程中获得效用的程度，来决定下一步采取的行动，这就是购后行为。购后行为主要包括购后产品使用和处置，以及使用后的消费者满意和消费者忠诚等心理及行为表现。

消费者在使用产品和处置产品的过程中，以购前的期望与实际使用效用之间的差距来确定自己对产品的满意度。消费者的满意度通常分为三种：满意、基本满意、不满意。购买产品后的满意度决定了消费者的购后行为、消费者对该品牌的忠诚度以及是否会重复购买该产品，还会影响其他消费者（如口碑宣传、移动网络分享等），形成连锁效应，产生引导更多消费者购买或放弃购买该产品的效果。

因此，市场营销人员除了应积极主动地完善产品功能、提高产品质量外，还要加强售后服务，促使购买者确信其购买决策的正确性，提高其忠诚度。事实上，那些有保留地宣传其产品优点的企业，反而会使消费者产生高于期望的满意度，并因此树立起良好的产品形象和企业形象。

本章小结

消费者的购买决策是指消费者发现问题，寻找解决方案，对诸多方案进行评价和选择，并对选择结果再进行评价的过程。

所谓购买介入，就是指消费者由某一特定购买需要而产生的对决策过程关心或感兴趣的程度。它受个人、产品、情境特征的相互作用的影响。

根据消费者购买介入程度由低到高的变化，我们可以把消费者购买决策分为名义型、有限型和扩展型三种。

消费者购买决策的过程分为五个阶段，即问题识别、信息收集、评价与选择、决策制定、购后行为。

复习与思考

一、简答题

1. 消费者购买决策的内容主要包括哪些方面？
2. 根据消费者购买介入程度的不同，可以将消费者购买决策分为哪几类？
3. 消费者购买决策的过程分为哪五个阶段？

二、案例分析

滑板车的购买决策与营销

林业刚从某大学市场营销专业毕业。林业在校期间曾买过一台滑板车，主要在校内活动时使用。该大学占地上万公顷，同学们从宿舍到教室上课步行需要15～20分钟，以前大多数同学选择骑自行车，但是由于风吹日晒，自行车使用时间一长就不太美观，加上失窃率居高不下，很多同学转而选择滑板车。

滑板车体积小、美观大方，又便于携带，尤其是折叠式滑板车，收起来可以放进背包里，非常方便，因而近两年滑板车在该大学的校园里随处可见。每年该校都有近万名新生入学，形成一个不小的市场，林业看到了这个商机。

在家人的支持下，他在该大学附近开了一家专营滑板车的商店，该商店经营三个品牌的滑板车，每个品牌又有不同价位、不同功能的多个款式，他的业务主要面向在校大学生。但在林业的商店小有起色时，他发现有另外两家即将开张的商店也准备从事这项业务，他觉得是时候利用自己所学的营销知识制订一套营销竞争策略了。

讨论：

（1）滑板车的购买过程是高度介入的还是低度介入的？

（2）哪些因素影响大学生对滑板车的购买？

（3）在决定购买某一特定品牌的滑板车时，消费者会考虑哪些因素？

（4）林业可以采取什么措施，吸引更多的学生来他的商店购买滑板车？

三、项目实训

1. 实训目标：运用所学的购买决策的理论和知识，根据背景资料，协助王女士进行服装的选择。

2. 实训要求：帮王女士选服装。

3. 实训内容

王女士是一名企业主管，经常要出入各种社交场合，所以她经常要为自己选购服装，并且常常要为自己选购的服装搭配各种饰品。

这个周末，企业要组织员工一起春游。一向注重形象的王女士当然又要进行大采购了。也许是自己平时经常选购的都是时装的缘故，到了选休闲装的时候，王女士反而不知道买什么样式的了，她自己到商场转了一大圈，也没有拿定主意。她打电话咨询了一下自己的好朋友杨女士，杨女士建议她到一些运动休闲品牌专卖店去选购，说专卖店里的运动休闲装分类细、款式多，她一定可以找到合适的。

按照杨女士的建议，王女士来到一家运动休闲品牌专卖店进行挑选。王女士来之前已经想好了，主要从以下四个方面考察运动休闲装：服装的时尚性、舒适性、耐穿性和清洗的便利性。不过，这次王女士又遇到了新的麻烦，她选中了四款休闲装，这四款休闲装价格相近且各有优点，但没有一款是完全符合自己要求的。

该店的营业员小罗已经站在不远处观察了王女士一会儿，发现她反复在这四款服装前观察比较，但又犹豫不决，小罗确定王女士对服装有购买需要。为了留住这位顾客，小罗决定跟她聊聊天，帮助王女士做出购买决策。

通过有效的沟通，小罗了解了王女士的购买动机，并发现王女士对四款休闲服有以下一些看法。

A款面料舒适性不错，穿着舒适；是单装，是去年的流行款，不过今年大街上还有不少人在穿；不太耐穿；清洗起来也不是很方便。

B款面料舒适性也很好，穿着舒适；也是单装，是今年刚上市的新款；不耐穿；清洗起来很麻烦。

C 款面料舒适性一般，穿在身上感觉透气性不是很好；是今年刚上市的新款，并且有搭配好的休闲裤和休闲裤带；耐穿性一般；清洗起来比较方便。

D 款面料舒适性较好，特别是透气性不错；是套装（上衣＋裤子），是去年的畅销款，今年已经不流行了；耐穿性很好；清洗起来也很方便。

假如你是营业员小罗，请你根据上述情况分析王女士的购买决策过程，并给出合理的建议，协助王女士做出购买决策。

4. 实训成果及考核要求

（1）分组。每组 4～6 名同学。根据给出的背景资料和已经学习的理论知识，以小组为单位展开讨论，各抒己见，要求每位同学都要积极发言。

（2）讨论。各小组根据王女士的实际情况，结合已经学习的购买决策的过程，给予王女士正确的购买建议。

（3）资料整理和汇总。将小组讨论的结果整理并汇总，达成小组成员一致同意的建议，编制情景对话。

（4）展示。每小组派 2 名成员，一人扮演王女士，另一人扮演营业员小罗，进行情景模拟表演。

（5）评价。组间互评与教师点评相结合。

参 考 文 献

［1］Blanchard K，Halsey V，Cuff K．Legendary Service：The Key Is to Care ［M］．New York：McGraw-Hill，2014.

［2］Lewis D．The Brain Sell：When Science Meets Shopping ［M］．London：Nicholas Brealey Publishing，2013.

［3］埃略特·阿伦森，蒂莫西·D. 威尔逊，塞缪尔·R. 萨默斯．社会心理学 ［M］．10 版．侯玉波，曹毅，等译．北京：人民邮电出版社，2023.

［4］毕思勇．市场营销 ［M］．北京：高等教育出版社，2020.

［5］戴维·米尔曼·斯科特．新规则：用社会化媒体做营销和公关 ［M］．赵俐，译．北京：机械工业出版社，2016.

［6］单凤儒．商业心理学 ［M］．北京：中国商业出版社，1998.

［7］单凤儒．营销心理学 ［M］．北京：高等教育出版社，2005.

［8］德赫尔德，布拉特．商品就该这样卖：实用消费心理学帮你赚大钱 ［M］．石善冲，高记，刘璞，等译．北京：机械工业出版社，2012.

［9］杜美学，丁璟姝，谢志鸿，等．在线评论对消费者购买意愿的影响研究 ［J］．管理评论，2016（03）：173-183.

［10］菲利普·科特勒，凯文·莱恩·凯勒，亚历山大·切尔内夫．营销管理 ［M］．北京：中信出版社，2022.

［11］符国群．消费者行为学 ［M］．北京：高等教育出版社，2020.

［12］符国群．消费者行为学 ［M］．武汉：武汉大学出版社，2004.

［13］龚振．消费者行为学 ［M］．2 版．广州：广东高等教育出版社，2011.

［14］黄维梁．消费者行为学 ［M］．北京：高等教育出版社，2005.

［15］江林．消费者行为学 ［M］．北京：科学出版社，2007.

［16］柯洪霞．消费心理学 ［M］．3 版．北京：对外经济贸易大学出版社，2015.

［17］李改霞．电商销售心理学：把东西卖给任何人的网络营销方法 ［M］．北京：人民邮电出版社，2017.

［18］李开，张中科．消费者行为学 ［M］．北京：高等教育出版社，2015.

［19］李宗伟，张艳辉，栾东庆．哪些因素影响消费者的在线购买决策？——顾客感知价值的驱动作用 ［J］．管理评论，2017（08）：136-146.

[20] 刘伟，王新新. 粉丝作为超常消费者的消费行为、社群文化与心理特征研究前沿探析 [J]. 外国经济与管理，2011（07）：41-48.

[21] 刘洋，李琪，殷猛. 网络直播购物特征对消费者购买行为影响研究 [J]. 软科学，2020（06）：108-114.

[22] 卢泰宏，周懿瑾. 消费者行为学：中国消费者透视 [M]. 2版. 北京：中国人民大学出版社，2015.

[23] 罗子明. 消费者心理学 [M]. 4版. 北京：清华大学出版社，2017.

[24] 任晓静，梁清山. 消费心理学 [M]. 北京：北京交通大学出版社，2019.

[25] 佘贤君. 激活消费者心理需求 [M]. 北京：机械工业出版社，2011.

[26] 孙喜林，荣晓华. 管理心理学 [M]. 北京：人民邮电出版社，2022.

[27] 王宝玲. 销售成交技能实战特训 [M]. 北京：人民邮电出版社，2013.

[28] 王建军，王玲玉，王蒙蒙. 网络口碑、感知价值与消费者购买意愿：中介与调节作用检验 [J]. 管理工程学报，2019（04）：80-87.

[29] 王生辉. 消费者行为分析与实务 [M]. 3版. 北京：中国人民大学出版社，2014.

[30] 王生辉. 消费者行为分析与实务 [M]. 4版. 北京：中国人民大学出版社，2020.

[31] 王永贵，姚山季. 消费者行为学 [M]. 北京：高等教育出版社，2021.

[32] 吴柏林. 消费者行为学：基于消费者洞察的营销策略 [M]. 北京：机械工业出版社，2015.

[33] 吴瑶，肖静华，谢康，等. 从价值提供到价值共创的营销转型——企业与消费者协同演化视角的双案例研究 [J]. 管理世界，2017（04）：138-157.

[34] 希夫曼，卡纽克，维森布利特. 消费者行为学 [M]. 10版. 张政，译. 北京：清华大学出版社，2017.

[35] 肖涧松. 现代市场营销 [M]. 2版. 北京：高等教育出版社，2017.

[36] 张易轩. 消费者行为心理学 [M]. 北京：中国商业出版社，2014.

[37] 钟科，王海忠，杨晨. 感官营销研究综述与展望 [J]. 外国经济与管理，2016，38（05）：69-85.